HET EYLANDT FORMOSA

杨渡 著

在台湾发现历史

岛屿的另一种凝视

Simplified Chinese Copyright © 2017 by SDX Joint Publishing Company.
All Rights Reserved.

本作品简体中文版权由生活·读书·新知三联书店所有。
未经许可，不得翻印。

图书在版编目（CIP）数据

在台湾发现历史：岛屿的另一种凝视／杨渡著．—北京：生活·读书·新知三联书店，2017.8 （2018.12 重印）
ISBN 978-7-108-06055-6

Ⅰ.①在… Ⅱ.①杨… Ⅲ.①台湾－地方史－史料
Ⅳ.① K295.8

中国版本图书馆 CIP 数据核字（2017）第 156798 号

责任编辑　王　竞
装帧设计　薛　宇
责任校对　常高峰
责任印制　董　欢
出版发行　生活·讀書·新知 三联书店
　　　　　（北京市东城区美术馆东街 22 号 100010）
网　　址　www.sdxjpc.com
经　　销　新华书店
图　　字　01-2017-4927
印　　刷　北京隆昌伟业印刷有限公司
版　　次　2017 年 8 月北京第 1 版
　　　　　2018 年 12 月北京第 3 次印刷
开　　本　880 毫米 × 1230 毫米　1/32　印张 9
字　　数　202 千字　图 43 幅
印　　数　15,001-20,000 册
定　　价　35.00 元

（印装查询：01064002715；邮购查询：01084010542）

目 录

推荐序
非关注深切者不肯言也　张作锦　3

自序
有温度感的台湾史　8

壹 / 1624～1895
最后的凯达格兰人　20

贰 / 1895～1945
风中之叶：简娥和汤德章的故事　84
带着小提琴的革命家：简吉的故事　100
台湾农民组合大事记　129
一个台湾人的抗日之路：李友邦的故事　136

叁 / 1945

一九四五，巨变下的台湾容颜　　164

肆 / 1947~

寻找"二二八"的沉默母亲：林江迈的故事　　208

"二二八"的六个最基本问题　　231

以大历史的悲悯看"二二八"　　243

伍 / 2000~

海洋之心：新台湾人的故事　　262

推荐序

非关注深切者不肯言也
《在台湾发现历史》给人的"温度"

张作锦

历史书里常有很多仇恨。

但咎不在历史,仇恨在人心里。

因此,解恨在人。

怎样解恨?杨渡以台湾为例,力陈以大历史的悲悯回望过往,益以宽容与理解,历史本身就会有感动人的力量。所以他在自己的新书《在台湾发现历史》伊始便说这是"有温度感的台湾史"。正像钱穆一九四〇年在他《国史大纲》首页要求读者的,应对其本国历史附随一种"温情与敬意"。

必须有钱穆所要求的"温情",才能探知杨渡的"温度感"。

台湾史难写,因为它的发展轨迹铺满了惊险,也伴随了苦难。自十六世纪第一波全球化的大航海时代,荷兰和西班牙人就觊觎和掠夺台湾的资源。台湾的生态改变了,台湾先住民的生存环境也改变了。再经明郑、清朝收入版图、甲午后日本殖民五十年,中国抗日胜利光复台湾,一个因久战而百孔千疮的国民政府,来接收一个相对初步现代化了的台湾,再加上大批新移民追随而来,于是衍生了许多政治、文化、社会的扞格与冲突的台湾，终于走到旧貌换新颜的今天。

要想解决问题，先要找出问题，不避讳问题。"国者人之积也"，生活在台湾岛上的人被分化了，这是台湾当前最根本和危险的困难所在。

很多人自认他们是"本土"，那么"非本土"即有"非我族类"之嫌。但杨渡问："什么是本土？"

杨渡把台湾移民史划分成七大波段，这些大量的移民构成今天"台湾人"的主体。如果一九四九年随国民政府撤退移民来台的人，已经在台湾生下第四代儿孙，都不能称为台湾人，那什么叫"台湾人"？

早自荷兰、西班牙，以及后来郑成功、清朝、日本、国民党、民进党，全部都是"外来政权"。如果"外来政权"应该退出台湾，这样的台湾还剩下什么？

杨渡认为，划分这些界限的人，多只为从中攫取政治利益。

台湾族群形成隔阂，"二二八"是个主要分界线。历年来，有人想把它弭平；另有人则把它作为一个发酵桶，不时搬起来摇晃一下，让它不得安息。所以在书中，杨渡对这个问题讨论得最直接，最坦诚，也最彻底。十篇文章，有三篇讨论"二二八"。这桩一九四九年二月二十七日因缉私卖烟而引发的不幸事件，女主角林江迈的女儿林明珠当时在妈妈身边。她明确还原了当时的现场景况，那是一连串巧合造成的悲剧。但悲剧中也有十分"戏剧性"的"喜剧"，林明珠后来嫁给了陈诚的侍卫队长，两人生儿育女，恩恩爱爱地过了一辈子。

这故事具体代表了"和解"与"宽容"，正是杨渡全书的主调。"我们将因为包容,所以开创;因为开创,所以壮大;因为壮大,所以本土才有生命力。"

杨渡这本书,是集结他过去发表过的十篇长文而成的,这些文章脉络一贯,表里如一,虽然有的文章写于多年前,但理仍在,气仍在,对讨论台湾病理核心问题所谓"本土意识",依然是有用的参考处方。而且,可去胸中"寒气",使人有"温度感"。

在台湾这些年来的政治氛围里,杨渡写这些文章,出这本书,是要有些道德勇气的。在有些人的眼里,他是"本土人",应有"本土意识",他的言论,或可目为离经叛道的政治不正确。

杨渡写的是"台湾历史",这叫我想起一则"历史"故事:林则徐奉命为钦差大臣,到广州禁烟,关山万里,国脉民命,前途多艰。当时中国最有头脑的知识分子之一龚自珍,给林则徐建言,指出困难所在,并一一试为解答。林则徐途中复谢,誉之为"非谋识宏远者所不能言,而非关注深切者不肯言也"。

谋识宏远属知识层面,关注深切则是道德层面。后者尤为难得,此杨渡之书所以使人有"温度感"也。

(张作锦,曾任《联合报》总编辑/社长)

在台湾发现历史

岛屿的另一种凝视

自 序
有温度感的台湾史

一

一九八三年秋天,阳明山上阳光灿烂,下午的山风开始有微微的凉意。

我在图书馆里,把古老的《台湾民报》找出来,一大本一大本地抱着,到窗户边的桌子上,就着斜斜的光,一张一张地翻阅,一页一页地寻找,所有与文化活动、戏剧表演有关的报导,都不放过。

报纸是如此的老旧,蒙着浓浓的一层灰尘。在窗户边的桌子上,老报纸翻开的瞬间,那些夹在内页里,沉埋了几十年的灰尘都飘了起来,一粒一粒,晶晶莹莹,像许多记忆的精灵,在空气中飞舞。

古老的印刷字体,虽然被时间沉积得有些苍黄,微微模糊,依旧可以辨认。

……且时间迫切,又降雨连绵,不得已演剧终止,而变易为文化讲演，以免辜负民众之热诚，是夜虽大雨，而听众不下千人，其热心可嘉也。

翌夜七时起在妈祖宫内开该地有志者大恳亲会，定刻，会员不论何种职业，冒雨纷纷而来会者不下千人，着席后，先由陈煌氏叙礼，次会员五分间演说，来宾演说，余兴有奏乐文化剧（彰化留学生文化剧团一行）第一出演《社会阶级》，第二出演《良心的恋爱》，至十二时，剧毕，由周天启氏代表一行述谢，连太空氏吟诗以为告别，最后郭戊巳氏述文化剧之精神为闭会辞。当演剧中有柳川巡查部长正式临监，而无持详细之脚本，对照取缔，亦能得平稳通过，可见当道之刁难证据充分也。

一九二五年十月十一日《台湾民报》

即使隔了六十年的时空，那时代的反抗热情仍动人心弦：至十二时还未曾休息的演讲会，在纷纷雨中观看文化剧而不愿离去的上千双眼睛，如晶莹之光，在阳明山秋日的空中飞舞。

一九八三年的台湾，台湾史研究依然是禁忌，我想做的"日据时期台湾戏剧运动"，只能靠着有限的资料，甚至从旧报纸中，拼拼凑凑，把无政府主义运动、黑色青年联盟[1]、张维贤[2]、张深切[3]

---

1 台湾黑色青年联盟是成立于一九二六年的左翼组织，该联盟发起人小泽一深受东京黑色青年联盟的影响，是台湾日据时期少见的以无政府主义为方针与信仰的左派组织。
2 张维贤，戏剧研究者、导演、创作者，被台湾诗人王诗琅称为"台湾新剧第一人"。一九二四年曾创立"星光演剧研究社"，排演新戏。一九二七年参与组织了"孤魂联盟"无政府主义团体。后在日警干预下均宣告解散。
3 张深切，作家、编辑、思想研究者。早年曾是革命青年、剧团创立者，一九二四年与蔡孝乾、谢雪红等人共同创立"台湾自治协会"，后相继组织过"草屯炎峰青年会""草屯炎峰青年会演剧团""广东台湾革命青年团"等。一九二七年因参与台中一中学生运动被捕，被判刑两年。

等人的作品与行迹，依照时间，慢慢联结，构成一幅二十世纪二十年代台湾社会与文化运动的形貌。

从秋天到冬天，整个过程虽然很艰辛，资料也难寻又敏感，但重新看见历史而展开的视野，寻找到台湾文化人心灵的知心感，以及了解自己的父祖之辈曾拥有如此丰富的文化内涵，曾参与如此深沉而壮烈的反抗运动，曾和日本的、世界的社会运动合流，一起脉动，那种看见而且触摸到父祖心灵的感觉，让我常常独自徘徊在阳明山的冬雨中，感到一种既温暖又孤独的欢喜。

然而，麻烦也来了。我找不到指导教授。研究历史的学者是有的，但他们不知道戏剧运动要如何着手；研究戏剧的学者是有的，但以传统戏曲为主，与社会运动结合的戏剧研究，实未曾有过。几度碰壁后，终于有一位老师指点我说，有此开创气魄的学者，可能只有曾永义[1]老师。所幸，在曾永义老师的指导下，我顺利通过论文和口试。

一九八六年之后，环保运动卷起台湾社会运动的浪潮，随后的解除"戒严"、"本土化"，让台湾史与台湾研究成为显学。然而，一如历史所见证的，所有过度的压制一旦放开，就会反弹到对立的一面，直到力气耗尽，才会再平衡回来。由于"戒严"时代对台湾研究的压制，它果然走向反面，在"过度喧嚣的呐喊"中，台湾、台湾史、台湾文化、"台湾意识"逐渐变成一种反抗的政治符号，它不再是我最初在阳明山上所感受到的那种来自古老

---

[1] 曾永义，一九四一年生于台湾台南，为台湾知名戏曲、俗文学、诗歌、民俗艺术学者，致力于昆曲的推广。在文化界，因爱酒爱朋友，戏称自己为"酒党永久党魁"。

的情感与温暖,而是一种缺乏温度的、尖锐如剑的口号。

我知道有些什么温暖的情感正在失落,永远也回不来了。

二

任何历史,一旦变成政治符号,就失去了真实性;任何研究,一旦变成媚俗,千篇一律走到相同的结论,就失去了探究的乐趣;任何理念,一旦变成政治的召唤,就失去思想的独立,而只是动员的工具。台湾史的悲哀在于此。在"统独"言论霸权的争夺中,它不再是父祖的血脉故事,而是交锋的利剑。

一旦成为利剑,即再无真实的考究,更遑论人性的理解,世情的悲悯,历史的宽容。可失去了宽容与理解,历史还有什么感动人的力量?

例如,凯达格兰大道。当政者为了表示对威权的反抗,用"凯达格兰大道"取代"介寿路"。但凯达格兰人在北台湾的生命史,有人去关心吗?那个曾经和我们生活在这一片相同的土地上,只是和我们隔了百年时空的人群呐,为什么我们如此陌生?

是以本书中,我特地选了《最后的凯达格兰人》为开篇,试着用文学的笔触,描述这个消失族群的历史。他们曾是北台湾最活跃的族群,像南岛语系的民族一样,几千年前,他们流浪而来,定居台湾,有着自己的传说和语言。直到大航海时代,来了许多汉族移民和欧洲人之后,他们逐渐失去生存空间;至清朝,终至于在山地住民与平地开垦汉族的夹缝中,艰难抉择。他们无由自主,打不过山上的住民,只能生存于平地,最后是"我族归顺清廷",完全同化于汉族社会中。

许多"台湾民族论"者喜欢用血统论来证明台湾是一个"新兴民族",有别于汉族,以取得台湾"独立"的正当性。而其依据,即是移民来台的汉族,不分闽南人、客家人,以男性居多,必然与平埔人或先住民通婚,所以"有唐山公无唐山嬷",以此显示通婚之后,台湾绝大多数人都有先住民血统。如此就不是纯种汉族。

表面上看来它尊重了甚至认同了当地先住民的母系血统。但从凯达格兰人的立场来看,我们可以发现,汉族不仅娶了他们的女性,同化了凯达格兰人,连同他们的血统代表性都要据为己有,这样,就可以号称代表了台湾,拥有台湾。明明是一个后来移民者,却号称代表这个土地的原来主人;不仅霸占了土地,还要霸占他者的血统代表性,这未免太过分、太不厚道了吧!

即使是美国人,那些欧洲来的移民后裔,也不敢声称他们是新兴民族,他们有美洲印第安人的血统,所以他们是美洲原来的主人,可以代表美洲的原住民族吧。

写作这一篇故事,是为了向这片土地上,台湾原来的主人致意。虽然他们已经永远消失了,但生活在这土地上的我们,还是要存着深深的感念之心。

三

在日据时期台湾文化运动时,我曾看见了台湾的反抗运动,不是孤立的,而是与二十世纪二十年代全世界左翼运动风潮同步,包括文化启蒙、无政府主义运动、农民运动、共产主义运动等；但当时我最感到好奇的是，会员高达两万多人的"台湾农民组合"甚至和日本的劳动农民党、农民组合串联，互相支援，共同反抗日本右翼军国主义的压迫。但这些活生生的反抗，却很少在台湾史研究范畴之内。某些人更热衷于日本殖民统治"对台湾现代化的贡献"，或者"日本如何在台湾办了第一场博览会""建了嘉南大圳"之类的。

是直到二〇〇四年认识日据时代农民运动领袖简吉的公子——简明仁先生，通过简吉的经历，我才了解农民运动的完整历史。

简吉，日据时期的农民组合创建者，组织起全台湾两万四千农民，齐力反抗日本殖民统治；在日本军国主义兴起而镇压社会运动后，他组织"赤色救援会"，协助坐牢的政治犯家属，继续抵抗，直到他也被捕入狱。光复之后，他参加三民主义青年团，维持政权轮替之时的台湾社会秩序，后来参与"二二八事件"，在嘉义组织"台湾自治联军"；"二二八"之后"潜行"于北台湾建立地下组织，反抗国民政府的统治。最后在恐怖时期被枪决。这整个贯穿台湾反抗史的过程，他全程参与。这大约是台湾人之中绝无仅有的一个。

然而，历史总是冷酷中有温暖，杀伐中有人情，毁灭中有希望。即使是反抗者，也充满传奇的故事。

日据时代农民运动的三大美人之一——简娥，她的父亲是西来庵事件的受害者，但她同父异母的哥哥却拯救了当时被杀的日本派出所所长的儿子，那个儿子，就是后来在"二二八事件"中被杀害于台南、示众数日而不得收尸的汤德章。汤德章的妈妈是台湾少数民族，所以姓汤。简娥与汤德章的命运交响曲，仿佛是台湾与日本命运交织的写照。那情感的纠葛，国仇家恨的交织，个人认同的彷徨，为理想牺牲之壮烈，其复杂的程度，是任何编剧本的人都难以想象的吧。

每每念及于此，很难不掩卷叹息。

四

当然，最复杂的是"二二八"。有关"二二八"的讨论，已被简化为外来政权的压迫、族群的冲突、军队的镇压、清乡的残杀……相关的真相已经很难冷静讨论，更麻烦的是它被去除了历史的脉络。

例如：台湾光复当时的社会是一种什么样的面貌？当中华民国政府还未来临前，谁在维持社会秩序？在政权轮替之际的无政府状态下，台湾人从日本的军国主义统治下解放出来，如何开始一种新的生活？被殖民五十年的台湾人懂得自主自治吗？那时的台湾人有没有对未来的梦想？

如果不了解当时台湾社会，就无法理解为什么台湾会从光复初期的充满理想希望，迅速转变为幻灭失望的历程。本书中，我试图从一九四五年《台湾新报》的新闻报导，来重建一个真实而贴近庶民生活的面貌。

然而，即使是隔了那么久的"旧闻"，当我看到日本被原子弹大轰炸的新闻时，那报导里对原子弹的全然无知，日本军方那种强自镇定的分析口气，都让人感到深深的悲悯。世间战争死亡之惨重，莫过于原子弹，而燃烧灼杀之残忍，亦莫过于原子弹。可死者却大多是日本百姓。那发动战争的日本天皇，可曾有一丝悲悯之心？一九四五年的台湾，有战争，有混乱，有欢欣，有悲伤，在政权转换之际，那人间的容颜真是最难得一见的人性真实。那一年的确是值得"深深凝视"的一年。

然而，随之而来的"二二八事件"却是让台湾从欢欣走向沉默悲情的转捩点。有关"二二八"的研究早已汗牛充栋，但我后来发现，真正采访到当事人的报导非常少，反而各种以讹传讹的夸大描述特别多。

因此，我做了纪录片《还原二二八》，以当事人的口述访问为主，重现当年场景。最难得的是访问到一个不可能的人："二二八事件"的主角林江迈的女儿——林明珠。受访时她已七十多岁，回忆起和母亲在重庆北路一带卖香烟的童年往事，以及二月二十七日，事件爆发之际，她所见的一切，依然历历在目。这给了我们一个真实的现场"二二八"，那才是当时最真实的记忆。

最不可思议的是，本该怀着被迫害的痛苦度过余生的林江迈，竟把她的女儿嫁给了陈诚的警卫队长，并且得到家族的祝福。这一对夫妻走过几十年岁月，患难与共，相扶相持，恩爱不渝，这大约是很多人所不知道的内幕吧。

在这本书中，我试着从报告文学的角度，来刻画林江迈和她女儿的生命故事。这个故事特别的重要，原因在于：如果林江迈都可以抛弃恩怨，选择自己的人生，为什么后代的人还要怀抱着仇恨走下去呢？

当然，要解除"二二八"的魔咒，最重要的仍是除去历史的断层，还原历史真相。

它有三个功课：第一，要从台湾光复初期的社会结构、经济状况、政治光谱等来分析，了解光复初期两岸社会发展阶段的差距，才能看清"二二八"的结构性根源。第二，要了解日据时代社会运动的脉络，才能明白一九四五年光复后的台湾社会，也才能明白是谁在"二二八"之时起了领导的作用。第三，"二二八"之后，台湾社会如何演变，如此大的全面冲突事件，竟可以因为军队镇压而彻底消失吗？台湾人这么容易臣服而不反抗？

如此一追溯，我们就会看见"二二八"镇压后，伴随着大陆社会主义革命而开展的地下反抗运动，是如何联结到五十年代白色恐怖清乡，并影响后来的土地改革。现在，这个脉络大体被淡化甚至去除了，只剩下"外来政权压迫"这样的政治口号。但简化的口号对我们理解真正的历史是毫无帮助的。

失去真实的历史，只剩下政治口号的对抗，这样的历史，怎么让我们向孩子交代？难道，我们还要孩子带着这种被欺骗的历史，被扭曲的心灵，去走向一个仇恨的未来？

五

重编本书的时候，我总是想起小时候，祖母形容父亲的一个朋友说："他做人有情有义，总是静静地来看望，时间久了，才知是'有深缘'的人。"

"有深缘"是一个微妙的台湾话。我已经很久未曾听到了。它形容一个人珍惜人情义理，交朋友久了，互相了解，才会有较深的缘分，这叫"深缘"。

我所感受的台湾人台湾史,是有温度的,是父祖的生命与记忆。如此贴近,如此温暖,但它需要一点时间去了解,去疼惜。它不是冰冷的剑,是温暖的茶,是"深缘"。

但愿这一本书,可以让我们自我凝视,在凝视的沉静中,带给我们对这一片土地的"深缘"。

台北有一条"凯达格兰大道",命名起源于北部地区最早住民是凯达格兰人。当我从大量资料中去拼凑他们的故事时,却发现这是一个典型的"民族消失史"。

在一八九五年五月底的这天,当他们带着妇人、孩子躲入山里密林悄悄注视的时候,当他们又看到未曾见过的新武器、更大的部队的时候,他们永远未曾预料,这是民族的最后时刻了。

壹

1624～1895

· 最后的凯达格兰人

最后的凯达格兰人

　　台北有一条"凯达格兰大道",命名起源于北部地区的最早住民是凯达格兰人。但有多少人了解凯达格兰人呢?这个族群有没有自己的历史记忆?有多少传说?有没有像古希腊一样仰望星空,创造自己的神话?

　　生活在台湾的汉人呐,我们都是这一块土地上的移民者,不能不先了解这一块土地的先住民。

　　为了了解这个古老的族群,我曾花了一点时间去找资料,想拼图般地拼凑出他们的故事,却发现这是一个典型的"族群消失史"。在十七世纪大航海时代之后,世界上像这样"消失"的族群,绝对不在少数。

　　请容我用散文的方式,一则一则,慢慢为您诉说。

一 一六二四年的西班牙船

没有文字的民族是悲哀的。因为当一切都消失以后,所有生活过、爱过、歌唱过、哭泣过、欢笑过的故事,都消失了。再没有痕迹,再没有人,可以了解整个民族的记忆了。

我站在三貂角海岸边,望着远方涌动如呼吸起伏的海浪,想着将近四百年前,当西班牙人沿着东海岸北上,看见这个海角,决定以那一艘军舰的名字,同时也是当时西班牙首都"Santiago"为它命名;那时,他们可曾想到一个新时代的历史正在展开。那时,生活在这个海角的凯达格兰人,一定有一群人,像我现在一样,站在岸上,看着绵长的船队,在海面上展开……

那是非常长的船队。带头的是两艘大帆船,风帆又高又满,在饱涨的风中航行。那帆船太高太长太大了,已经远远超出凯达格兰人曾看过的唐山船,更重要的是,上面居然还有黝黑黑的、长长的、像树干似的东西,中间被凿开了一个洞,一根根的,从船旁边伸出来。

如果历史可以有一个想象的回音,或许人们会听见,当时的凯达格兰人正在耳语:"奇怪啊,这大船怎么会长了黑色的牙齿?"

在两艘大帆船的后面,像跟班似的,跟着十二艘唐山戎克船。戎克船较容易辨认,因为之前已经有或大或小的唐山船,航行到这里买东西,换硫磺、黄金和鹿皮了。但这么大的两艘船却是首次见到的。整个村子的人互相招唤,都站在岸边观看。"啊!这么大的船!"

"这样的船,要怎么做啊?"有年轻人说。

一些住在旁边的汉人也出来看,看到唐山船跟在后面,就比较放心了。

岸上的凯达格兰人只见两艘大船上,有人戴着尖尖的帽子,留着又浓又密的金色头发,站在船边观看。忙碌中,有人往黑色的树干里,不晓得放了什么东西进去,过一下子,他们点上火,只听见"轰!"一声,像打雷一样,又闷又重的声音发自船上,一团巨大的黑影,飞上半空中,又再度落下,掉到海里,把海水打得都破了一个大洞,海浪飞上半天高。

"啊……"一些胆小的妇人和小孩躲到了树后面,大部分人来不及掩上耳朵,一时间震得嗡嗡作响。

过了一阵子,他们回头张望,只见两艘大船,后面跟着中国帆船,像两条大鲸鱼带着海豚,依旧在海上航行。海面恢复安静,比先前更像镜子,仿佛先前的打雷只是一场梦。

"怎么会这样?"

就在来不及回神的刹那,"轰!"又是一记大雷,海面照样掀起大浪花。"哇!"许多人更害怕地躲起来了。许久许久,才从树干、岩石、岬角的后面探出头来。

那船慢慢驶近了,大家都怕了,躲了起来。躲在树后的人们这时看见,一群穿着奇异服装的人走上岸来。手上持一根黑色的长长的棍子,五月温暖的南风吹着他们的衣襟。

他们是西班牙人。

这一年是一六二四年,明朝天启四年。

二 找寻做梦的地方

一六二四年，明朝天启四年。西班牙人第一次侵入北台湾。在此之前，荷兰人已经先侵占了台南，展开他们的殖民地计划。历史上，被视为"第一波全球化"的大航海时代，早已展开。

这是一个没有国际公法的时代。这是一个商船和海盗船无法分辨的时代。西班牙人先是由麦哲伦发现地球可以绕行一圈的全球航线，便在菲律宾建立基地。后来是泉州人在海上遇难，被西班牙人救起，送回泉州后，为了感恩，特地送来一船的丝绸和瓷器。这下西班牙人发现了宝，开始和中国做起贸易。一条从亚洲贯穿美洲到欧洲的"黄金航线"被建立起来。其他国家眼看西班牙因为海上贸易，成就霸权，纷纷转进亚洲。

海上是没有法律的野蛮世界。买到的香料、瓷器、丝绸等，转回本国出售，可以买下另一条船。但不幸在海上被抢劫了，就全军覆没。所有的商船都要武装，所有贸易，都靠武力。

晚来亚洲的荷兰人，在澎湖建立武装基地，出没打劫海上的泉州商船和西班牙商船。泉州商人和西班牙人都受不了，清廷把他们打出澎湖。不料，荷兰却不甘心退出，他们转向台南，建立武装根据地，继续出海打劫。台湾自此成为荷兰殖民地。西班牙人不胜其扰，决定出面派出船队攻打台湾。不料到台湾一看，荷兰的船舰强大，根本打不赢，只能绕过最南端，沿东海岸北上，就这样，发现了"三貂角"。

凯达格兰人的命运从此再没有回头的余地。

全球化的飓风，扫过那渺小的遥远的村落。这个为了逃避"山魈"骚扰而远离故乡的民族，终于走入"无梦的世界"。

《大员港市鸟瞰图》。这是荷兰殖民时期的台湾

根据日本学者伊能嘉矩在一八九七年的调查报告（他是根据凯达格兰人，北投社潘有秘的口述，将该族群的口碑记录下来），凯达格兰人之所以来到台湾，起源于他们无法做梦。

凯达格兰人的始祖原居住在"Sansai"（后来有人用汉名，称之为"山西"）之地。但有一天，这地方出了一个妖怪名为"山魈"（Sansiyao），它往往趁人睡觉的时候，剥去人们盖在身上的东西，等到人们惊醒，它已消影匿迹。

凯达格兰族人的祖先非常担心，日夜警戒，不敢入睡，但还是无法杜绝这个爱恶作剧的妖怪。整个族群，像马尔克斯描写的村子，在长期的失眠中，陷入恍惚状态。所有人的记忆逐渐消失，昨天与今天，今天与明天，因为没有睡眠区隔，变得难以分辨。时间悠长，所有事情无法有一个段落，记忆变成无用。

凯达格兰人的祖先再无法承受了，只好远远避开，想找一个没有妖怪的地方居住。

他们合力伐木，制成一艘艘木船，整个民族带着失眠多时的恍惚和疲惫，出海航行了。

因为太恍惚了，他们不知道要去哪里，只能毫无目的，让小船随风漂流于汪洋大海之中。

许多天以后，才看见陆地。他们大喜过望，登陆一看，是一大片茫茫旷野。榛莽丛林中，有牛羊野鹿在奔跑。他们知道，生存的土地到了，于是上岸，建立部落。这就是台湾北部的鞍番港，也就是现在深澳这个地方。

这个民族终于找到可以好好睡眠、好好做梦的地方。

三　夜半偷情

来到台湾的凯达格兰人怎么过生活呢？

生长于福建龙溪的张燮，是那个时代最爱旅行的人。万历二十三年（1595年）中了举人后，并不想去做官，几次征召他为官，都不应命，反而带着家人，在福建、东南沿海到处旅行。他不像中国传统士人，写一些诗文感叹风景故事，而是如民族志一般，写下当时眼中观察、耳中听闻的地理风俗、人文生活、民族记录。

他是不是到过东南亚呢？不清楚。依照当时泉州与东南亚国家的贸易之频繁，这是非常有可能的。他的《东西洋考》（写成于1617年）里还记载着菲律宾人如何被西班牙人剥削的惨苦处境。

张燮有没有到过台湾呢？没有明确记载。但他却鲜活地记录了凯达格兰人的生活面貌。至今，这仍是有关凯达格兰人最重要的民俗志。

凯达格兰人居住在深山大泽中，这里没有君主，没有赋税徭役，他们是靠力量生存的民族，因此家里子女多的，劳动力强，就成了领导者。他们看重勇敢的人，赤着脚走路，脚底皮有几分厚，所以走在棘刺上都不会痛。因为追逐狩猎，他们善于奔跑，可以跑一整天都不会累。

男人把发髻绑在脑后，赤身裸体，过着天体生活。女人则比较含蓄，有的会结草裙来遮一遮身体。只有碰到老人的时候，为了表示尊重，要背过身体让路。碰到外来的汉人的时候，为了表示体面，就得现一现了。

他们会把家里和汉人交易换来的衣服,全部拿出来,穿在身上。怎么穿呢?这可好玩了,他们像"后现代"的拼贴艺术家一样,把长的穿在里面,次长的再披上去,一层一层,直到最短的穿在最外面,有时,家里衣服太多,会穿着十来件。这样,才叫体面哩!等到客人走了,全部脱下来,一件件挂回去,回到天体营的生活。

为了美观,男人是要穿耳洞的,女人在十五岁的时候,则要弄断嘴唇旁边的两颗牙齿,作为装饰。他们喜欢刺青文身,以此为美。文得越多,就表示越有钱。因为文身非常花时间,得要有钱人才做得起。文完,要展现美好的天体,还得办一个party,找朋友来一起庆贺,现一现,这才叫仪式完成。所以没钱的人,办不了party,也不敢文身了。

这也是一个"女男平等"的世界。男人如果爱上了一个女人,就得送女人一对玛瑙,女人如果不接受,就表示她不爱你,自己一边凉快去。女人如果接受了,后面还有戏。他得在半夜去女子家里,弹口簧琴挑逗她。这种口簧琴,用薄铁制成,用嘴巴吹奏,发出铮铮的乐音。女人心弦跟着跳动,就让这男人进去,和她欢爱共眠。但这时两个人的关系是"花非花,雾非雾,夜半来,天明去",天没亮就得走,还不能让女人的爸妈看见。有点夜半偷情的味道。

不知道凯达格兰人是不是深谙"偷情特别容易怀孕"的道理,才以这种方式强化民族的生育力;这女人得等到怀孕了,生下孩子,才能去男人家"迎娶女婿"。这时男人才能见到未来的"公婆"。

人类学上,这是一个母系社会,男人自此嫁入女家。

台湾少数民族照片

四 鹿肠中的百草膏

女人生孩子，对凯达格兰人来说是非常辛苦的。女人要拄着两根木杖，跪在地上，用力分娩。这样的姿势，确实比躺在床上有利于分娩。而孩子刚一出生，为洗清子宫里的血污，这婴儿立即被拿到附近的溪流沐浴。天热还好，天冷时，婴儿要如何忍受呢？然而这就是凯达格兰人对新生命的考验。脆弱的生命，既然无法生存，就让它早早死亡，强健的生命，才能存活下来。

死亡，每一个民族都有它的特殊信仰与习俗。凯达格兰人会建一个土坎，把死者放在里面，下面再用杂草树木烧起来，把尸体慢慢烤干。家人，则围在旁边哭泣。等到烤干了，取下尸体收藏起来。要是一个地方住得久了，他们会迁徙，就把所有房子全部打掉，连同亡者的遗体，一起用土掩埋起来。

时序，是依照植物和动物来区分的。当冬日的枯草开始转为翠绿、山花渐开的时候，就是一年的开头。这时可以开始播种。他们采取旱耕，把谷种撒入地上，此时，整个民族得遵守一个规矩："禁止杀人。"并称之为"做好事"，才能向老天讨一口饭吃。等到稻谷熟了，拔下稻穗，收藏起来。部落就会在路上插一根竹竿，称之为"插青"；如果外人在此时入侵，就会被杀。这可能是为了保护作物而建立的习俗。

虽然北台湾有众多的野生梅花鹿，但凯达格兰人平时是禁止狩猎的。只有到了冬天，鹿群出来了，部族就动员青壮年百余人，一起围猎。他们本就精于用镖枪，或用长竹柄插上铁镞，平日带在身上，做防身用。这些武器被磨得非常锐利，杀鹿杀得非常顺手。围猎时，百来人一起围在山上，一边驱赶鹿群，一边用镖镞去射杀。杀得满山遍野，鹿肉已足，就全部收手。除了饱餐一顿新鲜鹿肉之外，剩下的鹿肉就晒干，做成腊肉，以后慢慢吃。自此山中的鹿又恢复自由生活，保养生息，互不侵犯。

更绝妙的是凯达格兰人最喜欢吃的，不是鹿肉，而是鹿的"内涵"。野鹿吃过绿草后，被围猎时都来不及消化，就死了，它的肠子里，还残留着被嚼食、尚未消化完的青青绿草汁。凯达格兰人认为，那是用百种肥美的绿草所组成的汁液，世界上最鲜美的"果菜汁"，所以特别美之为"百草膏"。它同时是一种草药。

这是不是和其他少数民族喜食飞鼠的生肠子，有异曲同工之妙呢？

凯达格兰人对满地飞来走去的土鸡、野雉，一点兴趣也没有。他们射杀野雉，只是想取它尾巴上的羽毛，来作为箭镞、旗子的装饰，他们不吃鸡肉。看到汉人吃鸡肉，他们紧张地掩上鼻子，非常不齿地说："好恶心啊！好想吐！"

要狩猎，就得抢地盘，村落间不免会发生冲突。村落冲突，就相约作战。时间定好，人马拉齐，两军相对，各自站立。此时代表两方拼杀的勇士要跳上前，单独决斗，互相拼杀，直到一方倒下死亡。

被杀了勇士的一方，眼看人死了，也不反抗报仇，立即溃散。对杀人者，人们称之为壮士，因为他能力强大，勇敢杀人；对被杀者，人们也称之壮士，只是因他以前杀过人，现在也被杀了。第二天，冲突的两方和好如初，并不记仇。

此种决斗方式相当合乎共存的精神。胜负之间，生死之间，互相尊重，只因大家都是这一块土地上要生存的子民。

五　遥远的航程

传说郑和下西洋的时候曾来过台湾。张燮提到郑和来台时，军容阵容壮大，是北部的凯达格兰人前所未见的，都远远地走避到山上去了，不想撄其锋。见到凯达格兰人的家中无人，郑和的手下遗留了几个铃铛，挂在墙壁上，以示到此一游。据说，那是狗铃铛，一些士兵想借此讽刺那种原始的生存状态，与野人无异。不过，这对凯达格兰人毫无作用，因为他们根本不知道那是做什么用的。

倒是后来凯达格兰人认为这会发出声音的玩意儿顶新鲜，拿来当宝贝。有钱人还认为这是祖宗传下来的，拿来炫耀。文明差异如此，这跟当年法国人到处搜集古董，把非洲的骷髅头都搬回卢浮宫，有点像。从当年非洲人的观点看，这是一群神经病，搬骷髅回家当摆设，不怕触霉头吗？但多年以后，它们都是古董，都是传家之宝。

嘉靖末年，闽南人到台湾北部的人多了起来，开始做起生意。拿些毛毯、玛瑙、珠链、铃铛等，来交换鹿皮、硫磺、鹿肉干等等。生意不错，于是乎就有了小小的汉人聚落，在海边落脚。他们专门向凯达格兰人收购东西，再卖给闽南过来的船商。船商则带来可以交换的物品。

这种贸易点，自宋元时期海上贸易活络以降，在闽南人社会即非常盛行。公元一千年左右，泉州已是亚洲贸易最兴盛的城市，商业活动频繁，亚洲各国的往来人口非常多，以至于泉州有了中国第一座清真寺。

而往来的贸易地区包括了东南亚国家如印尼、马来西亚、泰国、越南、菲律宾等等。商人在海岸的市集搜集当地可出售货物，卖给中国的商船，也与中国商船交易，买些农用铁器、丝绸瓷器、生活用品等。有些地方的贸易多了，闽南人觉得气候与环境合适，还可以请人生产自己想要的产品，于是有了代工；更因原乡的贫困，而有来开垦的移民，以及落脚定居的闽南人；这些都只是一种自然而然的演进，在东南亚一些国家早已有之。是以明郑以前，颜思齐手下郑芝龙曾移了约三千个农民来台，在嘉义、北港一带垦殖，就是这种生产模式与商业活动的延续而已。

凯达格兰人生活在物产丰富的宝岛，依照四时节序过日子，饿了捕些野鹿，渴了摘些果子，其实没什么储蓄的习惯。分散在鹿羊成群的土地上的子民，也没有数字概念，更不知道物价。所以有些汉人可以用一条毛毯，就换了五百多斤的硫磺。另外，台湾也盛产藤蔓植物，藤可以做家具，是外销的热门商品。

日本人也来了。他们交易的东西和汉人差不多。但有时候，也有日本浪人借着武士刀，劫掠一通，焚毁而去。凯达格兰人倒是不对抗，避居山后，浪人走了再回来。这个时代的海上贸易，其实是没有秩序的。盗匪和商人不分。不仅是日本人如此，汉人也一样。只是汉人来得早，建立了交易据点，着眼长期利益，不会如此公然劫掠。但无政府的海上，谁打劫了谁，整条船被烧杀个精光，也没有国际法庭处理。

这就是为什么《鲁滨逊漂流记》里，那个随船队出海却被抛弃在荒岛上的水手，他的行李中会带着火枪的原因。这可是一个自己保护自己、商船要武装自己的时代。武装，是唯一的凭借。不仅日本人打劫台湾，欧洲各个国家的商船在海上也互相打劫。

劫到，算你的；被劫了，整个那么长的航行所得到的利益，就一次输个精光。

那是非常长途的航行。人们喜欢讲麦哲伦航行地球一圈，是多么了不起。但以当时的航海技术，这是死亡的航程。世界各地风俗殊异，物品不一，城市文化不同，而船只又得随时补给淡水、蔬菜、食物，以及购买可以回欧洲出售的香料、黄金、瓷器。好不容易满载准备回航，半路被打劫，就整个毁了。

当麦哲伦发现全球航线，整个地球的视野转变了。而台湾的命运，也自此改观。凯达格兰人不知道，他们的命运，已经被麦哲伦所决定，再也回不到单纯的做梦时代了。

六　迁徙的北台湾

凯达格兰人生活在今天基隆、台北、桃园一带，只是时空交错，他们在三百年前的时空里，我们生活在现代。

有一幅画于清朝的画，名为《捕鹿图》。图中有五个人，两人在上方。一人持弓，箭已射出，只剩下弓在右手，左手置后，好像刚刚射过箭，手甩在后面。他的前方，有一鹿倒地，有如刚中箭。另一人持长镖枪，举高欲射。

另有三人，于图下方。一人持长镖枪，做将射出的模样。另一人举弓，拉弦，快射出箭。还有一人在前方回顾射箭者，枪未举。

五个壮年男人都是以布围住下体，以一条腰带绑住。其中四人上身赤裸，唯有一人上身着短衣。头发都短短的，只有一人在

《捕鹿图》(局部)

头上绑着发髻。

此外，在附近有两只猎犬，正在扑咬另一只倒地的鹿。鹿抬高脖子，四蹄踢打挣扎。另一只猎犬则追逐另两只鹿。

这些图有各种版本，台北故宫博物院版本的注解中说："……鹿生最繁，番人以打牲为业，交易货物。时因风纵火，俟其奔逸，各番负弓矢镖枪，牵猎犬逐之。所用弓矢，以细藤、苎绳为弦，竹箭甚短，铁镞长二寸许；镖枪长五尺，亦犀利。番人善用镖枪，每发多中。"

这说明即使到了清朝治理台初期，台北盆地仍是鹿群繁多，凯达格兰人可以生活得非常快活。

东宁本的注解则说："社番栽种黍米、薯芋，通事、土目抽取十分之一，至射猎獐鹿山猪等兽，通事、土目得后一蹄。捕鹿名曰'出草'，或镖，或弓矢，带犬追寻，获鹿即剥割，群聚而饮。脏腑盐腌藏于瓮中，名曰'膏蚌蛙'。余肉交通事、土目抽例纳饷及贸易。"

日本学者伊能嘉矩的调查结果显示，清朝以前的凯达格兰人，在三貂角登岸后，族群繁衍，沿海岸向东，进入宜兰头围一带，形成噶玛兰人的分布。另一支则向北，进入基隆及社寮岛一带，建立"大鸡笼社"，之后，又分为两支，一向金包里（今天的金山一带），一向北进入"小鸡笼"。但随着人口的繁衍，有人继续南进，在大屯山落脚，有人进入淡水河口，再继续南下，到达八里、南崁；有人向北到达北投，之后再转到现在台北最繁华东区如塔悠，以及西区大龙峒等。

现在台北的地名，其实有许多是沿用凯达格兰人的名字。你在"大龙峒"想到什么？孔庙？保安宫？但其实，这都是来自凯达格兰人。北投、南崁、八里、龟仑、秀朗等等都是。当你站在台北一〇一大厦,你能想象这曾是野鹿飞奔的猎场吗?时间不长,就是全球化开始的三百年内的事而已。

七 基隆的命名

我们已经习惯现代式的旅行,通用的语言也可以使用英文。但如果我们到达一个语言完全不通、生活完全不同、生产方式迥异、文化与衣着天差地别的海角,要怎么开始呢?那是一种西方人称之为"冒险家"的时代。他们走到世界的一角,探触异质的文化,开启另一个视野,带回来辽阔的世界想象。

汉人,尤其是闽南汉人,正是如此,而且早已如此。在西方称之为"大航海时代"来临之前,泉州曾是亚洲的贸易中心,伊斯兰世界的子民来此贸易,开设据点,设立清真寺,留下中国最早的伊斯兰教文明。海南岛有一个被遗忘的墓群,就是埋葬着千年前伊斯兰子民流浪的魂魄。

而来到台湾的第一批闽南人,又如何记载这冒险的旅程呢?

明朝张燮留下一点文字资料。但台湾地名,尤其是基隆,也留下某一种想象的遗迹。

让我们遥遥想象最初凯达格兰人在海岸上,遇见了坐着小风帆从闽南来的旅人。他们可能是渔民,追着鱼群,就漂到台湾来了。

那时闽南的捕鱼人上了岸,碰见凯达格兰人。凯达格兰人用奇怪的目光注视着这一群身穿黑色台湾衫(当时是厦门、漳州流行的服装)的怪人。而闽南人则看着这一群下身围一片鹿皮、全身明亮的男女,双方都发出惊叹的声音。

"这里是什么地方?"闽南人上了一个陌生的岛屿,不能免于这样的疑问。他们望着凯达格兰人,皮肤白亮,有粗黑的眉毛,深陷的眼窝,五官轮廓鲜明。

"Katagalan。"白色的航海民族这样回答。

或许,凯达格兰人并未了解他们在问什么,或许,这是两个异民族之间必然的问答。这并不奇怪。当时的台湾,没有人知道住了多少族群(甚至直到现在,到底台湾有多少少数民族,仍存有争论),彼此相见,以长相、五官、身材、衣着、武器等,来判断彼此,这并不奇特。

问候时,先了解对方的族群、部落、社群,也应该是必要的吧。更何况这些汉人,以前未看过。

然而闽南人怔住了。他们听不懂对方在说什么。"啊?"他们发出惊讶的声音。

"Katagalan……"凯达格兰人重复说。

"Katagalan,Katagalan……"闽南人默念,他们以为这是地名,或许是这个族群的名字,决定记住。

凯达格兰人也没有文字,流落在外的闽南人也不知道怎么书写,就用闽南语的发音去记住,他们叫它"卡大鸡笼"。就是比较大的鸡笼子的意思。或许那意味着凯达格兰人居住的地方,或许是自称的名字。它慢慢变成一种命名。

有趣的是,基隆三面环山,只有一面向海,有座山,山势酷似鸡笼子,久而久之闽南人都叫它"鸡笼"。再没有人想起"Katagalan"了。

这就是基隆港地名的由来,《基隆市志》地方史曾有记载。但已没有人再去探问凯达格兰人了。

八　西班牙人的恐惧

有一件事很奇怪：西班牙人记载下的凯达格兰人与汉人的印象完全不同。张燮的笔下，凯达格兰人依四时狩猎，爱好和平。但西班牙人却认为凯达格兰人好战善战。

西班牙不是首先步上台湾的欧洲国家，第一个上岸的是荷兰，在台南。他们本来盘踞澎湖，在海上打劫，最后被西班牙和明朝的联合舰队攻打，不得已退居大员。但继续派出船队出海拦截前往马尼拉和西班牙做生意的中国商船，甚至还准备去攻打西班牙的根据地——马尼拉，败北后转而到澳门骚扰葡萄牙，不久，才又退回台南。可是，这场战役，却是基隆命运的转捩点。西班牙终于感受到荷兰盘踞台湾对马尼拉的威胁，于是决定派兵攻打之。

一六二六年，西班牙的远征军，由两艘大帆船率领十二艘帆船随行，带领两百多名士兵，避开台南的荷兰人，沿着东海岸北上，到达北纬二十五度，看到了一个海角，他们决定以西班牙的首都，同时也是该军舰的名字来命名，称之"圣地亚哥"（Santiago）。

西班牙的野心当然不仅止于取得"圣地亚哥"，几天以后，他们进入可以容纳五百艘船的基隆港。基隆是一个三面环山、一面向海的岛屿，非常适合作为一个军港，随后，西班牙人占领了社寮岛（今和平岛），并举行盛大的占领庆祝仪式，当然，他们也不得不防备荷兰人的战舰，决定在最险要的地方设置城堡、炮台，并且开始筑城，将城名取为"圣萨尔瓦多城"，也就是"圣救世主"的意思。

随后，西班牙的部队继续往外侵占。在一六二八年攻下了淡水（当时称"沪尾"），并且建立了非常著名的"圣多明哥城"（今天名为淡水红毛城）。淡水的"圣多明哥城"与和平岛上的"圣萨尔瓦多城"，是西班牙防守台湾海峡中国贸易航线上最重要的两个犄角。

正是这个转捩点，基隆终于走上全球化的大历史之中，成为海权争霸中具决定性的、关键性的港口。

西班牙人对于台湾的经营，不仅止于侵占，而是图谋久居。他们在基隆设有学校，收容平埔人和汉人，教授他们天主教的神学、哲学和科学，当时西班牙人留在淡水约有两百人，基隆约有三百人，并且以基隆作为对中国大陆和马尼拉的转口贸易中心。全盛时期，载货物的二十二艘西班牙商船曾经同时进入基隆港，西班牙人还编了《凯达格兰人言语集》，以为教学沟通之用，可见当时贸易的盛况。

然而，西班牙人终究对凯达格兰人有一种恐惧。一六三二年，西班牙神父 Fray Jacinto Esquive 的报告里，就这样描述（根据翁佳音初译稿）："蛤仔难（Cabaran）至少有四十个大而且良好的村社，适合建立要塞。一方面使荷兰人不能来占领这里，因为他们已经获知这里有许多金子和银子，以及有丰富的食物、米、走兽和鱼类。另一方面，可以阻止社民外出，向住在港口附近的居民进行海盗的劫掠和谋杀行为。他们出来割取林子和淡水社民的头颅。"

多么大的差距啊！但是为什么？

西班牙攻下淡水后建立的"圣多明哥城"（红毛城）。现已成为台湾著名观光景点

九　传说中的金山银山

异国风情的"圣地亚哥"海角，标志着西班牙人进入台湾的第一步，也是凯达格兰人首度看见西班牙火炮的开始，但这里居然没留下痕迹，只有一个古怪的名字，是从西班牙文翻译成闽南语，再从闽南语记录下来的地名：三貂仔角。以前看到这名字，总觉得这里可能靠海边、水边，有貂。但台湾哪来的貂呀？现在才知道，不是"三貂仔角"，是圣地亚哥！

西班牙人果然跟先前来的汉人不一样。汉人会记一记他们的奇风异俗，吃百草膏，追捕野鹿，带着几分闲情逸致，但没有一种要去统治的"民族志"的冷酷感。但西班牙人却很务实。他们在"蛤仔难"项下曾记载着："一六三二年有一艘舢板在礼拜日前往马尼拉，船中载着五十名西班牙人、汉人生意人、日本人，他们在刀口下丧生。后来三十名士兵和Cagayan人前往惩罚，烧毁不下七个小村庄，并杀死十至二十个人。由于未被进一步惩罚，他们表现十分桀骜。"

这是用镇压来立威。目的是让其他村社看看，敢反抗，就烧毁你们更多村社，不管是不是你干的。这样，其他村社就会害怕，不敢有类似的反抗行为了。而且，也为了怕被牵连，赶紧划清界限。

西班牙人还特别注意金子、银子。这一点不奇怪。这是他们大航海的目的。但有趣的是：为什么早到的汉族人都未曾提过这种故事？难道汉族人来的只是渔民，对金银首饰不感兴趣？或者有什么其他原因呢？

西班牙有清楚的记载："Patibur是个有金、银矿的地方（不知道是什么地方，可能也靠海边），这个村社的人与Barangus，以及邻近村社的人，在四年前扣留了一艘从马尼拉来援的舢板，有十名西班牙人死在刀下。其中有西班牙人还活着，另有四名西班牙妇女也得到赦免。于是西班牙军队展开救援，可惜他们都已经退到更深的山上去了。"

这个好战的族群，这个被称为"皮肤像西班牙人一样白的魔鬼"，真的是张燮笔下的凯达格兰人吗？或者，一如所有原始部落一样，看什么来客，用什么方式接待？

不过西班牙人拼命找金子，倒是真的。传说中的金银之山在哆啰满（Turuboan），有十分丰富的矿产，一些村社的人从这里得到矿物，再和生意人交易他们喜爱的珠石之类的。该地有一座山，在日出时十分耀眼，令人无法直视，人们猜测那是水晶或者是银矿。

在其记载中，有一位长官曾看见二十三克拉的金子，当地人讲着马赛语（Bazay）。许多人去询问内山怎么进去。但没有一个正确的答案。虽然他们不信邪，曾派人到处搜寻，甚至跑到后山，却找不到传说中的"金山"。

不知道是凯达格兰人真的会守住秘密，还是他们也不清楚金银有什么用，根本不在乎，总之，终其侵占时期，西班牙人未曾找到那传说中的金山、银山。

一〇　消失的黄金

西班牙人满世界找黄金，荷兰人也一样。但他们都未曾找到传说中的"哆啰满"。这是我最感到诧异的事。西班牙统治基隆、淡水十六年，无法自凯达格兰人口中套出金矿所在。荷兰人狂找也找不着。我有时不免怀疑，这是凯达格兰人根本搞不清楚，说不明白，还是他们明知却隐藏起来。

一六四三年三月九日，一个流浪在台湾近三十年的日本人喜左卫门被带到荷兰长官 Maximliaen Lemaire 的面前。他是京都人，从越南的广南搭船，船在基隆破损搁浅，船上的一百多名乘客溺毙了五十多个，其余的被当地人所杀，他幸存下来，和金包里的妇人结婚，生了两女一子。这样一滞留，就是近三十年。他被抓的时候，已经六十二岁，可能也知道自己回不了日本了，他面对荷兰长官诚实以对。

他只知道有地方出产一些金子，在海岸边，但不知道有金矿坑。天气晴朗的时候，只要航行一天，就可以到达哆啰满那里，但是船只要大。至于陆路有无可能到达，他说非常不容易。他曾到过哆啰满五六次，懂得一点当地话，也在那里看过砂金。

听到这种话，荷兰人眼睛都亮了，立马问道："那金子形状如何？是山金？砂金？是熔成板状，或制成另外形状？"

可惜，喜左卫门只见过砂金，和打成薄纸似的金片子。哆啰满本地人并不和汉人交易，而是由金包里人沿着海岸和汉人交易，再载着盐渍物、鱼、印花布、酱油、铜制手环等，到当地和他们交易。他们也知道金子与铜的差别。"因为铜在火中会立刻变黑，而金子就算烧十五次，也不会变。"西班牙人不曾和他们换过金子，因为他们只和当地人往来。

虽然荷兰人一再逼问，但这个日本浪人终究说不出有没有金矿，只能说金子是"洗砂"后才出现的。这样的说辞，其实也是够清楚了。但他们可能未曾想象到河流中有砂金。美国出现淘金热潮，在河边洗砂金，可还是十九世纪西部大开发之后的事。谁想得到十七世纪的台湾，曾有这样的资源呢？时间与技术，和荷兰人开了一个大玩笑。

荷兰人拼命打听金矿的地点，但这个京都的家伙似乎有点笨，他只会回答，当地的壮丁非常怕枪炮，一听到枪声，就远远地躲在莽林里，找不到啦！

就这样，台湾唯一有金矿的地方，居然奇迹似的未被大航海时代的帝国发现，一直到十九世纪，从美国西部铁路大开发中退休下来的华人建筑工到台湾工作，发现砂金，给北台湾带来最关键的转变。

一一 战争不必翻译

战争不必翻译，枪炮就是答案。

战争不必理由，输赢为的就是最后取得战利品。荷兰攻打基隆，道理相同。

在西班牙侵占基隆之后三年（1629年），荷兰的太守彼德诺伊兹（Piter Nuyts）曾派遣军舰攻打淡水港，但因西班牙提督安东尼加列奥（D. Antonio Carenio）善于抵抗，荷兰军队阵亡惨烈，暂时不敢再进攻。

一六四一年，荷兰太守德拉戴纽斯（Paulus Tradenius）以最后通牒致基隆西班牙太守波蒂琉（Gonsalo Portilio）说："我不忍心看到生灵涂炭，你赶快开城门投降吧！"这种人道嘴仗，当然像笑话，波蒂琉冷笑回说："城在这里，你来拿吧！"

当年九月,荷兰军舰攻基隆、淡水。西班牙军队依旧坚守,荷兰未得逞。翌年八月,西班牙在吕宋岛用兵,不断遣调台湾戍守部队至马尼拉支援,这就使得基隆驻军减少。这时,荷兰知道消息,乘虚而入,大举进攻。西班牙守军虽然关闭城门想死守,但人孤势单,枪炮不够,终难抵挡,驻军在弹尽援绝之后,于九月四日弃城逃走。

盘踞基隆、淡水十六年之久的西班牙人终于输给荷兰人,基隆进入荷兰侵占时期。

战争不必翻译。凯达格兰人不需要翻译就知道西班牙人走了,他们连通婚生下的孩子都来不及长大,就走了。当然,没文字的凯达格兰人没留下什么记录。而西班牙人留下的文字中,只有零星关于凯达格兰人隐藏在山区、海湾、河边的社群记录,只是统治时间太短,连做系统记录的资料都不完全。

荷兰人侵占基隆的时间也不长,总共才十九年。一六六一年十二月三日,郑成功自台南鹿耳门攻打,荷兰人溃败,自此退出台湾南部,将整个部队撤回北部基隆、淡水一带,但是,暗中和清廷互通,希望双方结盟,一起攻打郑成功,恢复荷兰人在台湾的势力。

两年后,荷兰水师提督波尔(Bort)以军舰十六艘,载精锐数千人,袭击金门和厦门两个岛屿,想要从大陆的后背去袭击郑成功的根据地,切断郑成功的大陆据点,但没有成功。过了两年(1665年),波尔再度来台,重修基隆港口的圣萨尔瓦多城堡,企图恢复当年的气势。但是,清军的策应迟迟未至,这时,郑成功命令勇卫黄安领导水陆军征讨,由基隆港西边的金包里海岸之万里加投小澳登陆,兵分两路,一路攻击基隆的侧面,另一路袭击淡水的后背，荷兰人腹背受敌，孤军无援，只好弃城逃走。

从此，荷兰人和台湾永远地说再见了。

据法国人的记载："当时台湾北部的荷兰人，于郑成功收复台湾之后，仍住留达六年之久。离去前，曾于社寮岛的岩洞内刻有文字，这些文字系荷兰人驻留基隆期间的年号，其中，有'1664、1666、1667'等数字，至于其他的文字则为一些人名，可惜历时久远，经过风化，已经无法辨认了。基隆的汉人和凯达格兰人称这个岩洞为'番字洞'。但已经没人知道是哪一国的'番'了。"

一二 台湾的诞生？

二〇〇三年，台湾地区与荷兰合作，举办了关于十七世纪与荷兰及东亚关系的特展，展览的地点在台北故宫博物院。当时台北故宫博物院院长杜正胜为此写了好几篇文章，"歌颂"荷兰人对台湾的"发现"，有如台湾因此"诞生"了。

不过他可能没看到凯达格兰人的历史，以及荷兰人在追究台湾"金子"何在时，那种贪婪至极的嘴脸。

之前我们说过，金山是"哆啰满"，当地人只和住在平地的凯达格兰人交易，不和外地人交往，不管是汉人还是西班牙人，都不直接往来。虽然有时候他们也会下山到基隆和西班牙长官见面，但他们怕西班牙人。这个地方在山上，非常隐秘，每年只有四、五、六月，这三个月的时间可以到达。

被荷兰人抓去讯问了很久的日本浪人喜左卫门，终究没有说出金子的下落。天佑台湾，让台湾的金矿，多保存了两百五十多年。

这样唯利是图的荷兰人殖民台湾，怎么能够叫"台湾的诞生"？这要教凯达格兰人如何自处？莫非他们就不代表"台湾"？荷兰人对凯达格兰人是镇压，是剥削，怎么会是"诞生"呢？

和西班牙、荷兰比较起来，农业生产模式下的汉人，只要贸易，不太会剥削。郑成功来台湾，想的是如何"反攻清廷"。他的心力都花在如何用一条贯通厦门、福州、台湾、日本、东南亚等地的贸易线，来维持经济力与军力，再以此图谋反攻。台湾，是郑成功屯田、整备、反攻的基地，当地少数民族和他利益一致，不是敌人，也不是剥削的对象。

至于其他的汉族人，其实都是农业社会的小农心态，他们来台湾捕鱼、交易农产品，换一些鹿肉、鹿皮、硫磺，和凯达格兰人交易，只是一般小农民过日子，赚一点小钱而已。他们就是一般所说的"老百姓"，自己并不具备武力，也不是官方，怎么也不会想到"统治"这两个字，更不必说"殖民地"了。这就是汉族人和欧洲民族不同的地方。理论上来说，这是两种社会发展阶段的不同需求。欧洲已经进入大航海时代，资本主义萌芽，殖民主义兴起，自然采用武力为手段，征战全世界，取得亚洲货品，再行销全欧洲。而汉族人还在农业社会，小农经济的封闭性，阻断商品的流通需要，市场的尚未形成，更使中国无此需要。殖民地式的剥削之于汉族小农，根本是未曾有过的想象。

所以汉族人和凯达格兰人之间，并无太大冲突。除了清朝时有一点土地的争端，但基本上凯达格兰人与汉人通婚，关系良好。甚至清朝时期，最大冲突都还不是凯达格兰人与汉人，而是漳泉的械斗。

汉族人和凯达格兰人之间并无太大冲突。除了清朝时有一点土地的争端，但基本上凯达格兰人与汉人通婚，关系良好。图为清代的台北街道漳泉的生存之战，竟是为了争取凯达格兰人的土地而战，这实在是历史最大的反讽！

一三　地名密码

台湾故事不是始于荷兰人，自然不是结束于荷兰人。

汉人来了以后，整个情势慢慢转变。台湾变成以汉人和凯达格兰人为主的地方。但凯达格兰人是一个母系社会，而偏偏汉族移民来的都是男人，所以，就出现大量的通婚。以狩猎为主的生产方式，逐步被农业所取代，整个社会形态也慢慢转变了。

事实上现在的台北还遗留着许多凯达格兰人的地名。

像龙山寺所在的万华，古称"艋舺""蟒甲""蚊甲""莽葛"，这是凯达格兰语"Moungar"的音译，它原意是指独木舟，及独木舟聚集的地方。当时艋舺靠淡水河，平野肥沃，渔产丰盛，凯达格兰人靠射鱼，种一点茶叶、番薯就足以维生。如果要交易，就划着独木舟，沿淡水河上新店溪，和当地开垦的汉人交易。因为艋舺盛产番薯，又被称为"番薯仔市"。后来有学问的汉人喜欢文雅的名词，竟改名为"欢慈市街"。

郁永河的《裨海纪游》中写道："沙间一舟，独木镂成，名曰莽葛，盖番舟也。""番人夫妇，乘莽葛射鱼，歌声竟夜不辍。"这时代的艋舺，舟车集中，平埔与汉人交易，男女通婚，射鱼烤地瓜，夜半唱歌，其快乐大约不会少于后来最繁华的华西街时代吧。

艋舺的地名只是一端。其他如以孔庙而闻名的大龙峒，有"大龙"有"孔庙"，名称仿佛非常传统，但究其实，它是源自凯达格兰语"Paronpon",本来的译名是"巴琅泵"。等到来开垦的汉人渐渐多起来,尤其是福建同安人最多,就变成"大隆同",又是"兴隆"又是"同安",非常吉利。乾隆年间,汉族移民多到一定程度,就开始盖起寺庙"剑潭古寺"(现在已迁至大直),嘉庆年间建了保安宫,祀奉保生大帝。至此,这个地区已基本汉化了。名为大龙峒,只是早晚的事罢了。

汉族移民越来越多,不仅会影响凯达格兰人的生活空间,更因为移民者的生存斗争,而造成械斗。清朝雍正初年,移民的漳州人从台北县万里的八里垒移居至基隆的牛稠港虎子山附近,称为"崁仔顶街",这是基隆街市创建的开始。到了乾隆年间,又建了新店街、暗街仔街等等,土地日渐开拓。道光年间(1840年),基隆港口附近已有居民七百多户。

嘉庆年间,泉州的移民也渐渐自南部北上,但因为能够开垦的土地有限,他们被迫向山地发展,和凯达格兰人争抢土地的开发及资源,也就是以今日暖暖街的附近为中心,附近的汉人、平埔人都在暖暖街这一带交易,非常繁荣。

但是,漳州、泉州的居民,可能因为田土的边界纠纷或是争抢灌溉水渠不合,双方时常发生冲突,慢慢的,由小冲突演变成大械斗。咸丰元年(1851年)八月,漳州、泉州人在鲂顶发生了一场激烈的械斗,双方动员全部的人,死者多达一百零八人,从此,漳州人与泉州人结下了仇恨,纠纷不断。而一百零八位死者的骨骸就安葬在今日安乐区的义民庙内。

惨烈的械斗成为长久的仇恨。直到清朝末年,才由地方有识之士循循善诱,以普度赛会等各种形式,让双方以宗教仪式,代替血腥的斗争,仇恨方才终止。

一四　江边的孩子

一个小孩子，站在江边。约莫六七岁的模样，面容白净，穿了件白棉布汗衫，一条泛黄的短裤，太长的腰带系在肚脐前。江边有垒垒的石头，他在石头上跳跃，最后停在江面滚滚的流水前方。他望着江里流动的小鱼，心想，要是可以钓鱼就好了。

他的身后，母亲坐在江边的石头上，两腿叉开，小腿有一半泡在水里，正低着头，挥动一根木棍，在另一块石头上捶打衣服。衣服和石头发出闷闷的声响，铿铿铿，声音撞上对面的山壁，又轻轻弹了回来。铿铿铿，有点脆，有点像山对面也有人在洗衣服似的，打着小鼓互相招呼，让孩子感觉不那么寂寞。她把洗好的衣服、被单往江面上一甩，衣服张开，飘落在流动的水面上，顺流而下，她拿手抖一抖，把衣服拉了回来，衣服就洗干净了。她拿起来拧干，放在旁边的木桶子里。她抬眼看看孩子，他正在江边看抓小鱼小虾。

早晨的风冰凉凉，仿佛一个晚上吹着江边的树叶子，把露水的凉意都吸饱了。妈妈喊了他一声说："别到水深的地方，不要跌倒了！"而他正专注地翻起一块石头，想抓出底下的螃蟹。

远远的，父亲趁着早晨的凉快，赶紧地做农活。他弯腰在田埂上除草，手上脚上，都有些被草尖划开的小伤痕。

许多年过去之后，这个孩子长成了大人，他依旧在田地里工作，在江边洗净手脚身子，再回家。一代又一代人，这样过下去。

那个孩子，站在江边，有如几百年都在那里守候。直到远远的，有一艘船来临。那船是他们未曾见过的，带来了远方的陌生人，他们穿着新的衣服，带来新的器具和金钱，要买下村子里的

二十世纪六十年代台湾农村的生活图景

东西。于是故事改变了。

在长江三峡的一条往上走的支流——小三峡里，我曾坐着电动马达加人力拉纤才上得了的船，向上游走。在江边的转弯处，我看见那个小孩子，他陪着母亲，就站在那垒垒的石头上，望着我们一群旅客从眼前经过。我们的船要绕弯子，所以我等于是绕着他们母子转一圈。像电影里不断回旋的镜头一样，我的脑子不断回旋着他的影子，和自己童年的样子。

其实，我正是那个和母亲站在江边洗衣服的孩子，只是场景换成六十年代的台湾中部农村。一个早春的凉风中，我看着母亲和姑姑的小腿，泡在溪水中，洗衣捶打的声音，此起彼落，有如音乐……

直到有一天，长大了，离开了故乡，到城里谋生，那场景遗落在一个记忆的角落，我变成了远行的旅人。远行，在长江三峡的早晨，在另一个孩子的身影中，看见自己的童年，看见一个遗失在时空里的故乡。

或许，在更早更早的几百年前的淡水河边，也有洗衣服的凯达格兰妇人，她们也带着孩子，安静地捶打衣服，听丈夫在艋舺船上唱着歌归来，带来鱼虾和海贝，孩子等候在岸边。安静的岁月，安静的一代又一代人。

直到远方的船，打破这沉静的生活。汉人来打鱼只是开始，他们还只是安静共存。等到荷兰、西班牙的大船来临，大航海时代的巨浪卷起，一切就结束了。

那个江边的孩子，凯达格兰人的孩子，六十年代的台湾农村的孩子，以及长江三峡边上的孩子，都被卷入更大的飓风中，再无法回头。永远无法回来了。

一五　三百年一样青春

清朝时候的凯达格兰女子，是非常时尚，非常"二十一世纪"的。

他们总是在头上缠着五尺黑布，像张惠妹喜欢戴的头巾，据说那黑布巾子，像一个锅子，大家叫它"老锅"。脖子上则挂着亮晶晶的玛瑙珠、螺钱、草珠等，人们叫它"真仔赞"（像闽南语的"真的很赞"）。爱美的人，还会在耳朵上钻八九个孔，上面戴着和汉人交换来的耳环。走起路来，耳环轻轻晃动，唱着歌，光影摇动，很是美丽。尤其是那么多的耳洞耳环，像极了现代演唱会中的小甜甜，或者西门町爱搞怪的美少女。唯一的差别，可能是他们还没到在肚脐舌头上打洞而已。

凯达格兰的男女在盛夏，都不喜欢穿衣服，赤裸上半身，只在私处围一条三尺的布，大约，也就是美女穿比基尼跳舞的尺度。至于冬天，像现代的一些贵妇人一样，在肩上披一条毛毯，名字挺好听的，有点西班牙文的味道，叫"卓文戈"。跟现在的年轻人一样，他们也喜欢文身、刺青，身体刺着花豹似的条纹。郁永河说他们看起来"如半臂之在体"，可见文得线条颇深。

你如果不好想象，就想一想贡寮的海洋音乐祭，海岸上，美女只围小小一片比基尼，胸前身上有些刺青，耳上穿着八九个耳洞，耳环摇曳，随着音乐起舞的身影，在夜的火光中晃动。热门的乐团在吹唢呐，有人学迪伦（Bob Dylan）在吹口琴，海洋在远方，合唱着恒久恒久的歌声。

古时候真的是有歌声的。那时代，没有学校，没有教官老师管人们的恋爱。少女一旦到了适婚年龄，老爸老妈就得帮她另外建一间小屋，让她开始学习独处。独处是假的，真正的意图是让她寂寞，让她无聊，让她有单独和男人幽会的机会。少男如果对哪一个少女有兴趣，不能随便乱来，得先学一学音乐。他们要带上口簧琴，去她的屋子外面吹呀吹的。还有一种乐器，叫"鼻箫"，也可以。

音乐，是为了让她感觉寂寞，感觉孤独，感觉幽幽的情感。让她像保罗·安卡写的《孤枕难眠》。或者，像热狗唱的《我爱台妹》，只要她接受，也可以啦。于是她就邀请这个她属意的男人，到房子里幽会。现代的话，叫同居先行，或者，叫"试婚"也可以。如果互相属意，就禀告父母，准备结婚。

有一本书，名为《歌之版图》，描写一个作家，在澳洲旅行，在空无一人的沙漠中，听见不同的歌声。他去询问为什么，才发现原来澳洲的原住族群有五百多个，不同民族有各自的生存空间，他们互不干扰，也没有划设边界，而是以歌声作为版图。那歌声存在于土地之中，只要静心倾听，就会听见不同的语言，不同的歌声。每个族群都可以听见他们的祖先存在于土地上的声音。

现在的贡寮，以前确实是凯达格兰人居住的地方。那里，会不会像澳洲的原住民族一样，存在着遗失在历史时空里的《歌之版图》？我有时不免如此幻想。

想象着，三百年前的海岸边，住着这么一群人，像现代的男女一样，歌唱跳舞，穿耳洞，搞刺青。他们的歌声，被土地记忆。而时光穿越三百年后，他们的精灵回来了。以音乐祭的形式，开始另一次的聚会舞蹈。在永恒不变的星空下，他们歌唱，互相引诱，恋爱，狂欢，欲望，生殖。

台湾少数民族女子照片

虽然凯达格兰人消失了。但三百年不变的,是青春。

一六 文明的交会

　　文明的交会,是强势者对弱势者的长期战争。汉人来临时,凯达格兰人并未警觉这种危机。他们只是交换衣服、饰物、农具、酒与布匹等。后来荷兰人、西班牙人来临,交易变成一种"国际贸易",所需要的数量大增,以鹿皮来说,荷兰人买下的鹿皮主要外销日本,日本人用来做服饰、甲胄,每年需要量太大,以至于荷兰殖民台湾初期,曾有一年出售二十万张鹿皮的纪录。仅一六三八年,就出口十五万张。

　　由于捕猎太严重,梅花鹿故里大减,荷兰的《巴达维亚城日志》记载,一度禁止猎鹿及设陷阱一年,好让梅花鹿休养生息。但为时已晚。梅花鹿只能退到更深的山上,才能免于捕杀。

　　等到清朝,汉人来垦者更多,交换的不再只是硫磺、鹿皮,而是土地了。汉人的北部开垦路线大体有两条:一条是沿着海岸线北上,到八里,再沿淡水河进入台北盆地,也就是现在,台北的老城区:士林、圆山、三重、大稻埕、迪化街一带。另一路是沿着山线,走海山地区,进入新庄、板桥、中永和一带。

　　开垦者需要的是土地。一如欧洲人进入美洲之占有印第安人土地,他们占有的方式不外乎武力强占与和平交换。武力强占是不必说了。和平交换则有几种方式,最常见的,和现在没有两样,利用当地少数民族纯朴、不知道土地价值的天性,以酒、布匹来交换。另一种是利用凯达格兰人母系社会,女人当家的社会习俗，入赘为婿。而凯达格兰人是"夙以婿瓜瓞，有子不得承父业"，汉人顺利取得继承权。而当时汉族移民多是"罗汉脚"，能够结婚生子，安定生存下来，继承一份财产，那是何等幸福的事。

此外，如利用纯朴人性，结拜兄弟而取得耕地，或利用他们不懂文字，在地契上做手脚。而官员又都是汉人，地契争议的最后判定自然有利于汉人。就这样，大量移民而来的汉人，逐渐取得优势。汉人使用的大量农地，其实是变猎场为耕地，野生麋鹿只能退向更远的深山。凯达格兰人的生存空间日渐缩小，习俗也渐渐改变。

《东西洋考》的十七世纪，习俗还比较传统。等到一百多年后的《番俗六考》中，有关习俗的记载已经改变。这时开始有了订婚的礼俗，甚至还有"自幼订婚"这种非常汉族封建的"指腹为婚"的习俗："自幼倩媒以珠粒为订，及长而娶……"

由于猎场的消失，饮食习惯也不断改变。本来养鸡只是为了观赏，或者取毛来装饰，到了十八世纪，就变成了接待客人的食物。"鸡最繁，客至杀以代蔬。"如果有清朝的"长官"来的时候，就献上冬瓜。据说，这长长一条冬瓜，是家族绵长、物产丰盛的象征。（果如此，现代美食的"冬瓜鸡汤"是不是在那时候就有了呢？）

汉族的剥削又如何呢？《裨海纪游》中写道："社商又委通事伙长辈，使居社中，凡番人一粒一毫，皆有籍稽之。射得麋鹿，尽取其肉为脯，并收其皮……然此辈欺番人愚，竣削无厌，视所有不异己物。平时事无巨细，悉呼番人男妇孩，供役其室无虚日。且皆纳番妇为妻妾，有求必与，有过必挞，而番无不怨之。是举世所当哀矜者，莫番人若。"

大意是说：社商委托通事，伙同长辈老大，居住在部落里，凡是番人的一粒米，一分钱，都要查清楚来源。番人射得的麋鹿，把肉拿来做肉干，把鹿皮收为己有。这些人，欺负番人愚笨，严苛剥削不知餍足，视番人所有的，无异己物；平时所有事都叫番人的男人妇人小孩来做，供他役使；而且，把番人的女人当作妻妾，有求必应，有过就打，让番人无不怨恨。举世所最悲哀的啊，莫过于番人了。

这郁永河在北台湾的旅行笔记，写实地记录了当时凯达格兰人的生存处境。

一七 命运的抉择

凯达格兰人遇上了生命的困境了。汉族逐渐占有土地，他们依照传统生活习惯，为了维持狩猎生存方式，他们跟随野鹿的足迹，走向更深的山上，却碰上高山上的少数民族的反抗。北部山区是泰雅人猎场，他们为了生存而互相杀伐，猎取人头。

在口述流传下来的历史中，有这么一段极为传神却并不清楚的记载。依据日本学者伊能嘉矩在一八九七年的调查报告：最初定居在如今名为深澳这个地方的凯达格兰人，因为族群的人口日渐繁衍，土地已不够养活这么多人，祖先于是把整个部落分为两半，取该地的草茎，抽草签来决定命运。抽得长签的，可以永久居住在平地旷野；抽得短签的，就必须入深山狭谷居住。而且一经抽签，就不能后悔，互相还埋石块于地下发誓。

最后抽得长签的成为平埔人，抽得短签的，就成为"生番"或"山番"。

然而，时间继续推移，平地居住的人口也渐渐在增加，他们决定扩展生存领域，于是向山地推进。"山番"非常愤怒，认为既然平埔人都已经取得了平地，还不满足，想侵占山地，仇恨越结越深，凡是在山路遇见平埔人，就必定仇杀才会甘心，后来就慢慢演变为"馘首"的风俗。

两族结怨日益扩大之后，汉人逐渐从闽南、广东一带移民而来。凯达格兰人面临双重夹击，山上有山番，平地有汉人，族群遭遇双重的压迫。在优胜劣败的情况下，他们只能选择一边。"最后选择了归顺清廷。"

这是一部大历史的最简短记载。最后的一句"我族决定归顺清廷"，看似如此平淡，如此理所当然，仿佛故事都已写好了，历史已经完成，我们只是画下句点一般，没有任何悲哀、愤怒、怨叹，事实已经发生，而且完成了。因为伊能嘉矩记载的时候，凯达格兰人已经所剩无多了。

多年以前，我研究泰雅人的迁移路线。那时着迷于山地部落文化的自己，对野性的生活充满兴味。然而越研究，却发现台湾开发的历史，是一部农业文明与狩猎文明的竞争史。狩猎文化是原始共产社会。例如诗人莫那能就说过，他小的时候，狩猎到野猪的人，会在村子口大声呼喊，召唤大家都来分享。老人可以分享猪头肉和猪皮，全村子的每一个家庭都会分到东西吃。老人会把猪皮切块晒干，放在身上，时不时拿小刀削一小片来嚼食。

野猪皮有多厚呢？约有两三厘米厚，它晒干后更硬，更韧。

可以在嘴巴里嚼上老半天。老人家有时候看小孩子可爱，或者很乖，就赏他一小片，让他也可以嚼半天。胡德夫曾对我笑说，这就是少数民族的"口香糖"。他们的食物便是如此分享，和需要储蓄才能生存的农业，非常不同。

然而，随着农业文明进来，土地开发为耕地，自然生态消失，野鹿也消失了。他们追逐野鹿迁徙，直到无野鹿可狩猎，最后，他们只能走向农业文明。"我族归顺清廷"，是一种命运的宣告，一种文明的终结，也是无可奈何的结局。

一八　坪林的故事

约莫清朝乾隆末年、嘉庆初年，传说有位名叫陈梓浮的安溪人来到坪林采金石斛等药草，看到此处土壤肥沃，认为这是块开垦的好地方，因而跟石碇乡枫子林冷饭坑的陈合兴垦号，向今日台北永和一带的秀朗社承租，到这里开垦。当时，他们沿着新店溪支流的北势溪上游（凯达格兰人的生活领域）开始开垦。

道光年间，新店慢慢地开辟道路以后，由李详记、陈合发等召集泉州五个县民众来此共同开垦，由于垦殖的人较多，与本地凯达格兰人抢争土地，不断将土地往前开拓，推至大格头及弯潭一带，即现在坪林乡坪林村的一部分。

早期的人口主要从新店移入，要不然，就是从石碇、平溪一带翻山越岭过来垦殖。最初，他们和所有来台垦殖的人一样，靠山吃山，所垦殖的东西不外乎樟脑、茶叶，以及猎捕山上的野鹿及抽藤出售，维持生存。

清朝时期，台湾深山里长满了樟树，丰富的樟脑原料，吸引许多人到山上砍伐。由于坪林的森林非常茂密，移民来台的汉族人一听说坪林可以开垦，就慢慢地聚集过来。当时被开垦的樟脑母料，可以作为战船所需，所以由民间开垦后交给官厅，由清朝官方全部收购。

可是，坪林有位名叫林泳春的垦民，私自开垦樟脑，转运到石碇，再由石碇出口到东南亚，获取暴利。由于他不愿意出面将他的樟脑交给官厅，反而聚众在坪林附近的山头搭建草寮，成为一方之霸。

清朝虽然想进行围剿，但由于山头后方有两条小路，一条可以通往淡水，一条可以通到艋舺（现今的万华一带），他们负隅顽抗。这一伙人都是年轻的男性移民者，没有家室之累，每当清朝政府一围捕，他们就四散潜逃到深山里，等到情势稍微宽松，又回到这里垦殖，与政府大玩躲猫猫的游戏。有清一代，都无法将他们剿灭，由此可见坪林在清朝时期仍是一处荒野之地。

他们的开垦，不仅占了凯达格兰人的生存空间，也侵占了野鹿的天然生存地。不过，依照现在资料来看，这些开垦者必定与凯达格兰人相处不错，否则不可能如此熟悉野生林地，可以和清朝官兵周旋。而一群半是垦民、半是土匪的开垦者的樟脑"外贸"，可以到达东南亚，这种"全球化"的程度，恐怕也是现在的台湾人不曾料想的吧！

一九　万里的故事

沿着台湾东北海岸，有一些奇特的地名。像万里、野柳等，你可知道那些有趣的名称，有一个古老的故事？

万里，是台北县一个漂亮的海滨小渔村。原本寂寂无名。现在却因为翡翠湾的夏日游乐场而闻名。但很少游客知道，这里曾是凯达格兰人最美好的故乡，以前名为"金包里"的生活区域。

不只是外地人，甚至是本地人，都会对万里乡的旧地名"万里加投""玛鋉""龟吼"等产生很大的疑问。这些念起来怪怪、还有点不中不西的名词，到底是怎么来的，分别又代表什么意思，不仅常常让人读错，久而久之，甚至连官方的正式公文书都写错。

据学者的考究，"万里"乡的旧地名"万里加投"，来自于荷兰文"Perekatau"；而万里东南方一带有"玛鋉山""玛鋉溪""玛鋉港"等名称，则可能是来自荷兰文"Basaey"，指的是万里乡最早的少数民族"巴赛人"（属于凯达格兰人的一支）；拥有世界级海蚀观光地形的"野柳"（有女王头的地方），在西班牙文中称为"Punto Diablos"，荷兰文则是"Caap Diable"及"Duijvel Hoek"，指的都是"魔鬼岬"的意思，"野柳"则来自"Diablos"失去子音后的音转，以闽南语发音；另外，特别值得一提的是，西班牙人占领万里期间，修筑了一条往来于淡水和基隆之间的交通孔道，至今仍在万里的沿海使用。

一项日本时代所做的口述访谈描述，传说在好几百年前的古代，万里"国姓（圣）埔"东边一带住着"长毛番"，过着农

野柳。其发音来自荷兰文"Diablos"失去子音后的音转,以闽南语发音

耕、渔牧的生活，有一次却在一日之间，死掉了近三分之二的村民，造成整个族群走向灭亡。经过打听，原来这些"长毛番"因为生活富裕，在接连数日连夜敲锣打鼓、又叫又跳的喧哗狂欢后，激怒了村后一座长得像老虎的山，发狂似的把他们吃掉了，据说，人们后来在耕作时，挖出了这些长毛番所使用的灶和器物。

明朝时期，汉人的船只往来于淡水和基隆之间捕鱼并进行贸易，他们与台湾的凯达格兰人有频繁的物品交易，汉人用玛瑙、珠石来交换少数民族的硫磺、鹿皮和金砂。万里一带，突出于东海之上、地形特殊的野柳，正是这些往来船只最好的航行指标。后来，除了捕鱼，汉人次第向内陆活动，自行猎捕鹿群和开采硫矿，在今天，万里西南高地有"鹿寮坪""鹿堀"等旧地名。

一六六二年之后，荷兰殖民者陆续被明末的郑成功赶走，过了四年，其子郑经派兵攻打基隆时，船只就在"万里加投"小澳登陆。万里本地另一项有关野柳附近山名的传说，也辅助说明了明郑在本乡活动的事迹：相传野柳岬一带，有龟精潜伏在海中，专门危害出海捕鱼的渔民，村民深以为苦，后来国姓爷（郑经或郑成功）的水师路过此地，用巨炮轰击龟精为民除害，龟精从此沉入海中化为巨石，因此，伸入海中，地势奇特的野柳岬另有"龟屿"之称，附近的山也被称作"龟精岭"。

每一个地名，背后都有一段故事。每一段故事，都有一段未为人知的历史。想象这里曾有过凯达格兰人和野鹿的足迹，想象这里曾居停着西班牙的船舰和神父，想象航海时代的海洋文明曾如此交错，我们的世界观会不会宽广一些？

二〇　九份淘金梦

让我们来回顾黄金的故事吧。西班牙人、荷兰人拼命要寻找的传说中的"哆啰满"金山，一直未被找到。从十七世纪，到十九世纪末，它仿佛消失在移民开垦的迷雾之中。

清朝来台湾的首任诸罗知县季麒光于一六八四年所著的《台湾杂志》上记载："金山，在鸡笼三朝溪后山，土产金，有大如拳者，有长如尺者，番人拾金在手，则雷鸣于上，弃之即止。小者亦间有取出，山下水中砂金碎如屑……"其中，鸡笼指的就是现在的基隆，而三朝溪指的是现在的三貂岭附近，也就是在九份南方的武丹山一带。但有趣的是"拾金在手，则雷鸣于上，弃之即止"，是不是这种神话，才得以保护金矿呢？

故事演变到十九世纪末，历史走上完全不同的道路。由于第二波全球化是以蒸汽机的技术革命为本的工业化，所有船舶改为燃煤，煤矿的需要大增。台湾北部产煤，且质地优良，成为列强觊觎的所在，地点又靠近大陆南方，世界各国纷纷来北台湾寻找据点，从而引发列强战争。这一点，稍后再说。且说由于列强对台湾的兴趣，清廷开始重视台湾安全，派了刘铭传来台。

为了建设台湾，台湾巡抚刘铭传修建了台北到基隆的铁路。基隆是台湾出海的重要港口，而台北到基隆之间又盛产煤矿，他修筑这条铁路，除了连接台北与基隆的交通外，更重要的是可以将产出的煤运到基隆，供军舰和商船使用。

这时，恰恰是美国已经完成了太平洋铁路，大批被招募到美国的华工失业了，凭着他们的经验，就转聘来台湾继续修筑铁路。

华工在美国虽然未完成淘金梦，但他们在美国西部开发史的淘金热潮中，确实也曾见识过淘金行业，至少是见识过砂金是如何淘洗的。

有一天，一个广东籍的铁路工人，一个平凡无比，甚至没有留下姓名的工人，看着河床上闪动着金光，想起在美国的光景，心中动了一念："为什么不试试看呢？"

他利用午休的时间，吃过了饭，假装要去河边洗碗，就用平日吃饭的碗，淘起河床里的沙子，用手搅动起来，慢慢地搓洗，看沙子沉淀，一层一层，最后留下金光闪闪的砂金。他心中一亮，一声惊呼："黄金，真的是黄金！"

这一声惊呼，吸引大批人的注意，建铁路的工人纷纷跳到河中淘金。九份、金瓜石、瑞芳地区的未来，因为这一声惊呼，改变了命运。

从一八九一年开始，闻风而来的怀着淘金梦者，大约三四千人，沿着基隆河边淘洗砂金。

谁也没想到，沉埋三百年的金矿被发现，不是因为大量的汉族移民中的农民，也不是凯达格兰人泄露了秘密，而是一个远赴美国参加西部大开发的平凡的广东铁路工人。

历史的迷雾啊，如此深沉。这便是金山、九份变成今天这模样的开端。

二一 消失的矿山

一个广东工人的惊呼，唤醒了沉睡的九份金脉。被凯达格兰人的神秘外衣所保护起来的金矿，就这样呈现了。而这时来台湾开垦、建铁路的工人相当多，他们一无所有，闻风而来，几乎是俯身在河流中，不断淘洗，不断寻找。

但整条河流中沉积的砂金终究有限，哪禁得起数千人不断淘洗。人们也不是傻瓜，他们当然可以想到砂金是顺着河流流下来的。下游人多，就往上游跑。一步步，整个淘洗的人潮逐渐往上游走。直到一八九四年，人们终于发现九份附近的金矿矿脉。原来，下游出现的砂金是由于山上的砂岩矿脉受到雨水的冲刷而流到河床底下！

九份地区最早找到的金矿就是位于现在九份南方的小金瓜地区。到了一八九七年（此时已是日本人殖民统治台湾），又发现了金瓜石大金瓜的金矿，这时候，九份的金矿已经开采得非常热闹了，由于几千人在此进出，慢慢集结成一处非常重要的市集。

金矿的传奇故事太多，不必细说。此处且说最初发现金矿的情景，与卓别林的《淘金记》所刻画的时代无异。多少穷苦人家，多少流浪贫民，多少商家强盗，都想来分一杯羹。本来这是无政府的好时代，清朝地方官不懂，自然不会管理。但既然采金矿的利润如此可观，且有这么多人前来开采，清政府的地方官也非省油的灯，于光绪十九年（1893年）在此地设置"金砂局"，开始抽取厘费。凡是来这里淘洗砂金的工人，每一名每一日要领牌子一面，收取厘金七二番银一角，于是砂金的开采从一八九三年开始纳入清朝政府的管理。

然而，这种好时光只维持了两年。一八九五年，中国在甲午战争中战败，台湾在《马关条约》中被迫割让给日本，台湾砂金的开采又陷入无政府状态。这时的九份，自是一个弱肉强食的黑道世界，利益只能由强人来管理分享。这些人，在日本政府开始管理后会甘于被管理吗？

日本人刚刚侵占时，整体情况非常混乱。过了一年，一八九六年年底的时候，日本人也仿照清朝的"金砂局"，设立了"砂金署"，规定凡是采金的人，每个人必须缴交执照费十五钱。这一年的年底，领取牌照的人数已超过两千人。

但是这政策只是过渡性的，因为日人尚未可以全盘控制台湾，由于产金地缺乏人员管理，且几乎是流动人口，管理上极其不易，再加上这是一个强人世界，九份反倒成了抗日志士最佳的藏身之所。日本人为了彻底镇压抗日志士，在一八九七年下令禁止采金；同年九月，日本殖民当局发布了"台湾矿业规则"，于十月实施。按照日本殖民当局的说法，宣称这项法规是为了力谋整顿矿区，但实际上是要确定产金地的矿权，换言之，原先当局只对到产金地淘金者抽取厘税，但产金地区的土地归属却没有定论，而这时，这条法规让这些产金地的产权全部归入日本殖民统治者。

自此，九份已经与最原始的主人——凯达格兰人无关了。他们是金矿最早的主人，但他们已经消失在战争与移民的历史烽烟之中。

二二　基隆的命运

基隆名称来自凯达格兰之原名（Katagalan），被闽南人称为"卡大鸡笼"，后又以讹传讹就名为基隆。它的命运，和其他凯达格兰人的土地一样，无法摆脱全球化的大浪潮。随着汉族移民增加，基隆土地主要由汉人占有或租住而成为耕地。汉人还在凯达格兰人原本生活的土地上发生过漳泉械斗。然而，更大的挑战来自航海技术的转变。

随着工业化时代来临，原本靠风力航行的船只，全部改为续航力更强、速度更快、载重更大的蒸汽船。它的主要动力靠燃煤。船舰需要补给燃煤的能源，于是到世界各地寻找有煤矿的港口，以作为航行补给站，就成为最重要的课题。基隆，位在中国海域、日本、东南亚的中间，基隆又有优质煤矿，如何不成为欧洲列强觊觎的目标？

早在鸦片战争之前，英国就相准基隆了。一八四一年，英国舰艇纽布达号（Nerbudda）驶入基隆港口，他们对三沙湾的炮台开炮，准备占领台湾。当时的三沙湾总兵洪阿督率领官兵和台湾移民乡勇，予以还击，他们的大炮正好打中英国军舰，船桅折断，英国军舰仓皇逃走，结果在外海触礁，死者无数，并有数百位印度人被生擒。九月，英国军舰再度侵犯基隆，被守将邱镇功等人奋勇击退。这时，清政府终于警觉到基隆的重要，于十二月派遣兵勇防范。这一段战役，据地方文史记载，凯达格兰人还有不少人参与。他们比汉人更熟悉海洋与地形，作战特别勇猛。

英军仍旧不死心。翌年一月，再派三艘军舰攻打大安港，被洪阿督诱入土地公港，舰艇触礁搁浅，船上人员又被官兵乡勇擒获。当地的乡民警觉到应提防英军来犯，于是，乡民捐造石围，堆在基隆街上，近海的一面堆满了大石头，成为一个防御的防线，用以防海寇，又可以防潮水。

来强的不行，于是英国转变策略，来软的。他们先派人来调查。一八四八年，英国海军中将戈尔顿来台，勘察基隆一带的煤层,发现它的品质非常优良,返回后回报英政府。一八五〇年,英国驻北京的公使曾向清廷请准开采基隆煤矿。这是一种资源的独占,只要清朝政府答应了,英国立即拥有一个最优良的补给港口,它在东亚的势力立即增强,同时可以出售煤矿给各国船舰,实在是一个巨大的利益。幸好,清廷回绝了。

没了特许,也没骗上清朝,不得已,英轮船只得开始在淡水、基隆请求互市,并且依照商船纳税。此外,一八五五年美国水师提督彼尔理也来到台湾,并且派约翰调查基隆的煤源,返美后发表公告,想要谋取采矿权。

这种情势下,拥有天然良港及煤矿资源的基隆,变成是列强海上争霸的肥肉,英、法、美都在瞄准,随时想出手。谁先占有,谁就先拥有地利和矿产。

可惜这种时日无法维持太久,一八六〇年英法战争后,清廷和英法签订《天津条约》,基隆变成淡水的副港,海禁既开,基隆就成为各个殖民帝国的远东要道及通商口岸了。

而凯达格兰人,这一块土地最原始的拥有者,却已退出历史舞台。他们是和英军作战的乡勇,是开矿的工人,是汉族农民的亲戚,但已经模糊了民族群的原色。

二三 不由自主的命运

基隆的命运,从十七世纪就无法自主了。优质煤矿,良好的补给条件,只是一个理由。最重要的是,所有列强都必须先占有地理优势,才能取得主导权。仅仅开放商港,大家共享,怎么可能满足占有的欲望?

法国首先开战了。一八八四年五月间,法国舰队波尔达号(Volta)突然驶入基隆港,要求供给煤矿,舰长福尼亚(Fournier)嚣张地写信说:"对于急需的煤炭如果不立刻供给,将对基隆加以炮击!"清朝官吏只好乖乖供给,船舰才离开向北航行。但这只是战争的前哨。

七月二十三日,法国副水师提督李士卑斯(Lespes)作为侵台的司令官,派遣威拉尔号(Vilara)军舰先行侦察基隆港湾情形,同时将舰队分为两路,一路侵占淡水港,一路进攻基隆港,并且准备以陆战队登陆基隆,会师淡水。八月四日,舰队开始攻击基隆,李士卑斯进入基隆港后,向清朝政府下最后通牒,要求割让基隆港,并限定二十四小时之内答复。但清廷未予理会。

第二天,法军破坏海岸炮台,由东部的大沙湾登陆,基隆守将提督苏得胜、章高元等奋勇击退,此外,地方乡勇为了保卫家园也曾群起抵御,其中,最著名的则是雾峰林家的林朝栋率领五百余人加入战事,刘铭传将其编入狮球岭防线。这时的刘铭传亦从台北紧急至基隆督率全军。清朝海军条件太差,根本不能打海战,只好等法军登陆,在山后将法军包围,歼灭法军一百多人。

刘铭传鉴于淡水为濒临海边的重要地区,距离最重要的军事基地台北只有三十里,于是将军队移至淡水,只留下两百多人扼守狮球岭。法军果然袭击淡水,上岸后,惨遭清兵击溃,被斩杀了一千余人。法军三次进犯淡水皆无法得逞,于是改为攻打月眉山,在清军誓死抵抗下,重挫法军气势,但法军却计划进占澎湖。不过此时中央传来消息,倾向议和的李鸿章下令双边停战。

当时，适逢冯子材在谅山大捷，法国托英国向清廷求和，李鸿章不太了解台湾的军事形势，他认为如果失去澎湖，台湾恐难保，应该借由谅山战胜之际与法国订和，法国就不敢索求无度。

清廷在与列强打交道的过程中，不断战败，甚至气馁了。事实上，台湾之战，法军三次进犯淡水，付出非常大的代价，士兵水土不服，且多人罹患瘟疫死亡，甚至连孤拔将军（J. Courbet）都病死停泊于马宫（澎湖马公港）的旗舰拜亚德号（Bayard）上，双方僵持了八个多月，可惜的是，李鸿章居然提出订定和议的构想。更令人想不到的是，战败的法国居然在和议中要求派兵驻守基隆五年，所幸李鸿章没有应允。

基隆的命运，仿佛台湾的缩影。英法列强要基隆，是作为海外基地，以争霸世界。这和你要不要命运自主无关，而是被列强决定的。基隆如此，台湾能例外吗？

基隆是天然良港，每年可以运销福州、厦门等地的优质生煤约有十万至十四万吨。这是利益，也是祸端。避过了法国的基隆，却逃不开邻居日本的觊觎，大战已经来到门口了！

二四　三貂岭的凯达格兰人军队

我越来越相信马尔克斯在《百年孤独》中写的，历史实在是一个反复的轮回。它绕来绕去，却走不出迷宫。

三貂角，实在是一个奇特的迷宫。传说中，从远方漂流万里，来到台湾的凯达格兰人，从这里上岸，找到新的乐土，摆脱无法睡眠的梦魇，发展出北台湾的族群。如今，群众集结的凯达格兰

日本殖民统治者攻打台湾少数民族的部落后,举办"归顺仪式"

大道最初也是他们生活的居所。

十七世纪，西班牙人在海上看到美丽的岬角，决定命名为"Santiago"，后来才被闽南人改为"三貂仔角"。它是北台湾突出的岬角，总是吸引着侵略者的目光。一八九五年清朝被迫割让台湾的时候，日本近卫兵团在桦山资纪的带领下，大批舰队准备来台占据。但因台湾民众不满，唐景崧被推举为"台湾民主国"总统。据说命名为"台湾民主国"是为了以"民主"二字，吸引英法两国的注意，希望他们这两个老牌的民主国家，基于民主理念，会军事支持，反抗日本。但英法不买"民主"二字的账，现实的利益分配，比理念更重要。

由此可见，"民主"的普世价值，是不是能实现，得看列强的利益。这个教训，似乎任何时代都有效。

一八九五年的三貂角，和以前一样，成为侵略者首先看见的登陆地点。近卫兵团有两个想登陆的地点，一个是淡水，一个是三貂角。但淡水有较坚强的守军，军舰靠近时，被岸上的守军开了好几炮，且整个部队人数众多，遂决定放弃，先攻打三貂角。根据《攻台战记》的记录，一八九五年五月二十九日，下午一点多，军队抵达三貂角外海，侦察发现这里毫无防备，乃发出信号弹，开始登陆。

照道理，这里既然没有守军，应该不会遭遇抵抗。但日军还是遭遇"贼兵"多次袭击。用常情判断，这些反抗者可能是当地民众，所以并未有武器多少的记载，而日军也多是"赶走贼兵"，而不是"互相攻打"。但这些"贼兵"是不是有许多世居当地的凯达格兰人呢？我估计一定有不少。因为，日军所经过的地方，都是凯达格兰人的旧社、老家、活动的山区。

《战记》有一段写着:"……向双顶溪推进,时为日暮时分,又下着蒙蒙小雨,咫尺莫辨。晚上九点多,抵达土岭(贡寮的土地公岭)附近后,突然与一群贼兵在五六十米的近距离发生冲突,急忙射击,将之击溃。"但凯达格兰人可能并未溃败,而是散开,回去找人找武器回来再打,所以当天的半夜,不断进行骚扰突击,枪声不绝。但凯达格兰人只能仗着地形突击,当然无法抵挡。

走到凯达格兰人的祖居地的日本人,认为凯达格兰人是"贼兵"。而凯人有多少死伤者,却不在他们的计算之内。以至于当伊能嘉矩做人类学调查时,凯达格兰人已经消失许多了。

二五　日军大部队来了

一八九五年五月二十九日,攻打三貂岭的日军,不知道为什么,在《攻台战记》中特别称三貂岭为"三貂大岭"。或许,是军队有意夸大这一次的登陆之辛苦与战功之不易吧。但此地对日军来讲,确实是战略要地。向北可以进攻基隆,向南可以攻击台北。但它的地形与海岸非常不适合登陆。因此二十九日登陆的只是先遣部队,后续的支援部队还继续在海岸彻夜登陆,但只有步兵第一联队和机关炮四队及若干掩护队的小队登陆。但这些也足够应付这个无人防守的海岸上的少量反抗了。然而日军的目标是整个大部队全面进攻,因此让所有装备先登陆就变得非常重要。

这就需要搭载栈桥队的船来协助,但因船未到达,指挥官命令搭小栈桥的纵列用其他材料构筑栈桥,才解决了马匹的登陆,其他的骑兵队、卫生队、行李等也陆续登陆。后来的两天里,炮兵队、独立野战电信队的一部分，以及弹药大队，都登陆了。而独立野战电信队的大部分、野战医院、车辆等则留在船内。

特别这么详细描述，只是想说明，日军攻台是有计划、有组织的，配备了非常完整而精良的现代武器和受过严格训练的部队。但面对这么完整的军队与武器，当地住民有什么可以反抗呢？除了几支打猎用的枪之外，还真想不出有什么可以对抗的。难怪只能打零星的骚扰式突击。

当然，行路困难是免不了的。顶双溪、丹里庄之间狭窄的山路，是不规则的石头，马蹄无法行走，而溪流上无桥，马匹无法通过；最后只好把机关炮队停驻在中途，其他人继续挺进三貂大岭。但因装备粮食无法补给，他们就在顶双溪民家找到一百五十石的糙米，充当食物。

后来其余的部队也陆续登陆，一起进占三貂大岭，占据地形优势，整个日军登陆台湾的第一步，就这样宣告完成了。

这个过程，让人不得不想到西班牙的占领、荷兰之攻打西班牙军队，都是以优势兵力来打。而三貂岭，就这样让一个又一个外国部队来占领。问题是：如果你是凯达格兰人，你能做什么？起来反抗吗？打游击吗？或者只能乖乖交出糙米，让侵略者食用？

这就是全球化。第二波全球化带来的新侵略，武器与船舰都更新了，机关炮取代了早期的那种人工的原始大炮，马匹、现代的野战通信设备、野战医院都有了。这不是文明与原始之战，而是世界殖民主义的大扩张。谁都无法免除这一场世纪巨变。

一八九五年五月底的这一天，凯达格兰人或许都带着妇人、孩子躲入山中，在密林里悄悄注视着，马匹在无法通过的溪流上嘶鸣，部队在密林中吆喝，机关炮压过柔软的泥土。他们又看到

日本殖民者派兵讨伐台湾少数民族，行军休息途中

未曾见过的新武器,更大的部队来了。他们不敢出声,他们永远未曾预料,这是族群的最后时刻了。

二六　传说的地道?

有一年秋天,我着迷于阳明山上的大屯山几个山峰,尤其主峰和北峰,可以绕行双子坪,中有小小湖泊,小蝌蚪、小青蛙优游鸣叫,而沿路有各色蝴蝶飞舞,间或有竹鸡从草丛穿出,在路上觅食。上主峰还有一条直接爬阶梯的路,山腰间有一个像地道似的山洞,洞口不小,仿佛可以进入。但因为被深草遮住,看来不似可以通行。我想,它大约是日据时代为防守而设的临时哨所。因为冬日东北风吹上来,变成浓重雾气,寒冷如刀割,有此山洞,可以给士兵避寒。

几年后,有一日在看电视新闻,忽然看见一群记者跟着一个人上了阳明山,在我曾爬过的主峰阶梯路上行走。此君号称是凯达格兰人的后裔,因为祖先遗留的口传文化,他了解整个族群的历史与秘密。他声称,祖先留下的遗言显示,在最古老的年代,凯达格兰人曾创造了像玛雅文明一样深厚的农业文明,而且这文明有高度科技能力,为了让全台湾可以灌溉,整个北台湾已经形成地下的通道。其中既可以让人通行,也可以变成灌溉渠道。他想带记者从阳明山的这个山洞进入,探究最古老的文明。

穿着高跟鞋在草丛间走动的漂亮女记者,显然异常难行,镜头摇晃。但为了一探台湾文明源头,她们倒是忍耐着。直到最后,发现那根本不是可以进得去的山洞,那声称凯族后裔的人才说,现在山洞已经因为年代久远而封闭起来了,只要好好开挖,这个地下世界可以四通八达，到达台湾的任何一个地方……

有些记者终于说，自己可能被骗了。

这当然是一个狂想者的梦境，只是新闻记者不了解凯达格兰人文明，被一个妄想带着走而已。然而，这已经是我听到凯达格兰人的最后消息。

事实上，台北县贡寮在反核四[1]的时候，因为当地是凯达格兰人的起源地，台北县政府曾委托学者做过调查研究。但所剩下的凯人，有些低调，有些自认为年代已经久远，现实生活比较重要，像他们的祖先"我族决定归顺清廷"一样，决定放弃自己族群的认同，"反正已经不会说祖先的话了"。虽然还有人可以说出一点祖母的年代的点滴传说，但已经非常稀薄。

那个传说中的"哆啰满"金山，事实上已经被日本人的开矿机挖掘殆尽。我曾于一九八一年去金瓜石矿山采访，和矿工深入地底，写了一篇报导文学《矿坑里的黑灵魂》。当时，还能见到几辆卡车，运满砂土，从山路上离开。采矿工人告诉我，一辆卡车大约可以提炼两三两的黄金。整个山头，被这样持续挖掘，怎么可能不空？而这是凯人祖先努力要保护的"黄金宝藏"。

现在，连这些最后的金砂都消失了。九份、金瓜石成为观光的地方，遗留在地底的坑道无数，还未被开发成观光景点，它倒像是真正的地底通道，但它是采矿的坑道，是日本人挖掘的，不是凯达格兰人的祖先。

起初，我为了那寻找地洞的凯人新闻笑起来，但后来就感到

---

[1] 反对兴建核能四厂的民间群众运动。"核四"是岛内第四座核能发电厂，位于新北市贡寮区。自一九八〇年初次提出兴建计划，至今尚未建成运转。

悲哀了。因为地下没有,地上,也都不再了。

甚至观光手册中也没有提到凯达格兰人。他们曾是这里的主人。倒是九份的旧电影院前,还摆着侯孝贤电影《恋恋风尘》的海报。那是现在人们去九份观光的一个主要原因。

电影海报上,一个高中生模样的少年背着书包,后面跟着一个少女,一起走过古老的铁道。那个少年主角,叫王晶文,他在二〇一四年突然过世。和凯达格兰人,一起走入历史的长长的隧道。

(原载于二〇〇六年至二〇〇七年《中国时报·人间副刊》)

日据时期台湾人反抗日本殖民统治，从早期的武装抗日，到后来文化协会的文化启蒙运动，再到农民组合的群众运动路线，台湾的反抗并不孤立，而是与世界性的左翼运动相结合。但它的命运也与日本农工运动一样，被三十年代的日本右翼政权镇压，许多人被逮捕入狱。

　　然而，历史的核心是人，是人性，是人的命运。在某些关键时刻，个人如何抉择，如何参与，如何改变了历史，往往出乎意料。日本殖民统治台湾的五十年间，台湾人与日本人的关系，从早期的民族冲突、武装对抗，到后来的矛盾中有合作，甚至互相协助（例如日本劳动农民党派律师与政界人士，来台协助台湾农民组合），共谋理念的实现，是非常复杂而真实的过程。

　　我将用他们的生命故事，来呈现民族之间、人与人之间，复杂交缠的历史。

贰

1895～1945

- 风中之叶：简娥和汤德章的故事
- 带着小提琴的革命家：简吉的故事
- 台湾农民组合大事记
- 一个台湾人的抗日之路：李友邦的故事

风中之叶：
简娥和汤德章的故事

一 简娥传奇

二〇一四年，台南新化发现一处无名荒冢，内有白骨三千多具，各界为之震动。后来经过考证，才明白那应是一九一五年噍吧哖事件时，被杀害的万人冢的所在。但这只是其中的一部分。

事实上，玉井小学在一九四〇年建校时，即曾挖出许多无主的骨骸。据推断，噍吧哖事件发生后，日本军警逮捕大量反抗义士，并及于无辜者。当时军警在后堀仔溪畔玉井桥北端小丘，命令庄民挖掘壕沟后，将抗日义士及无辜庄民砍杀，推入壕沟内掩埋了事。当地民众不忍心，乃建一万人冢加以祭拜。

如果再加上新化的骨骸，噍吧哖事件的死者恐怕上万人。

简娥的父亲简宗烈，就是这些死者之中的一个。

简娥的祖父为清朝秀才，在地方教授汉文，余清芳是他的学生。

余清芳为了抗日而出家，建立西来庵。以宗教外衣，掩护其革命行动。他以建庵为名，向民众募款。所募款项，又花在向外购买武器军火。当时有不少人赴大陆做生意，却病死于大陆，往往运回台湾安葬。余清芳借此在大陆购买武器军火，藏在棺木中，运回西来庵附近"埋葬"。但事实上是"埋藏"。因为行动的整个过程有太多人参与，事机逐渐泄露，西来庵附近藏有军火因而渐为人知。日本警察也耳闻其事，开始警觉而展开调查。这事，也为余清芳知道，他知道被迫必须起义，再不能等待了。

简娥的母亲是因夫死而改嫁，前夫姓张，因此带来一个张姓的同母异父兄长，约莫十几岁，在派出所当工友，做些扫地、擦桌子、清洗东西的杂务。

当时派出所所长叫坂井，娶了一个当地少数民族妻子，姓汤。她本性很好，为人善良，许多台湾人如果犯法，被处罚，都去向她求情。她也乐意帮忙向日警丈夫说情，颇得地方上的好评。

起义当天，简娥的同母异父哥哥在派出所打杂，黄昏时忙完了事，收拾好要回家。忽然想起有东西忘了拿，就转头回去派出所。却看见有不少人埋伏在派出所附近，东张西望。他预感事情不妙，走进派出所，却见所长坂井下了班，正悠悠闲闲地陪着孩子在玩。

他心想，如果不告诉所长，孩子会死，就说："外面有人包围了派出所，而且人数不少，看起来怪怪的。"所长问了情况，知道大事不妙，就托他道："你赶紧背起孩子往外冲，不要回头，帮我救救这孩子一命。"

他背起孩子冲了出去，走不到几十步，后面的枪声响起。

震撼历史的噍吧哖事件，就这样开始了。

震撼历史的噍吧哖事件(1915年)。日军调用了山地大炮、重机枪等攻打余清芳的起义军。原本民众居住的街道,在交战后被夷为平地,形同废墟简娥的母亲只见自己孩子背着一个穿日本和服的小孩子回来，也感到奇怪。问明原因，就知道大事不妙。她只想孩子无辜，救命要紧，就匆忙为孩子穿上台湾衣服，以避免被发觉而杀害。

然而，保护了日本孩子的母亲，却保护不了自己的丈夫。简娥的父亲，名为简宗烈，汉文基础良好，在地方上当中医，颇有声望，也加入起义行列。当战事一起，他就随余清芳等人转战到深山里去了。自此，他不曾再回来。

由于余清芳与地方的激烈反抗，日军调动大部队前来，以大炮攻打这些村庄。余清芳等人靠私下买的少量军火、传统刀剑，无法抵挡，很快被击败。

日军在当地展开大屠杀。据说他们在地方上竖立一根竹竿，高约一百二十厘米，举凡男子超过竹竿高度，就予以枪决。当时几乎所有青少年都被屠杀一空。而且为了避免麻烦，日军叫人在当地挖了一个万人冢，凡是被砍头枪决者，立即埋入。整个噍吧哖地区，许多人家是同一天忌日，因为他们的先人死于同一场屠杀。

有人说，简娥的父亲被日军杀害，埋葬在万人冢，也有人说他死于山上。唯一可以确定的，他未曾再归来。简娥的母亲因此一见到万人冢，就流泪不止。

唯一的例外是简娥的同母异父哥哥。他因为救出派出所所长的孩子，幸免于难。据说，他是当时全村子最高的男子，因为所有和他一样高的人都被杀了。

日本人深为痛恨噍吧哖一带的人，杀之还无法泄恨，就故意将之取名为"玉井"，因为，玉井是当时日本一处有名的风化区名字。他们要以此侮辱这里的人，甚至诅咒幸存的女性。

日军在当地展开大屠杀。整个噍吧哖地区，许多人家是同一天忌日，因为他们的先人死于同一场屠杀。此事由于被捕人太多，正式监狱不够用，遂改民宅加大竹枝为栅栏，成为临时监狱。图中的竹栅栏里，密密麻麻站满了人当时国际传闻日本在此屠杀八百多人，压力太大，日本殖民政府又由台北调来不少流动人口移居于此。

由于该事件的影响，简娥的母亲带着孩子离开伤心的故乡，搬到高雄市。初到高雄，孤儿寡妇又无依无靠，简母遂以卖担担面为生，以养活几个孩子，生活非常辛苦。

简娥自幼聪慧，学习成绩很优秀，在公学校总是第一二名。所以毕业后，顺利考上高雄高女。这个学校大多是日本姑娘，台湾人很少，一年大概只有七八人而已。农民组合另一位女斗士张玉兰和简娥就是同班同学。

在殖民统治下的台湾人和日本人之间有着明显的差别待遇。在校期间，无论台湾的学生或老师都受到明显的歧视，例如，明明考试第一名，却被要求列第二或第三，必得把第一名让给日本学生。甚至学校内有东西遗失，就赖台湾学生偷拿。简娥在高雄高女的求学生涯，让她认识到殖民统治的教育本质，而兴起反抗之心。

她和同窗好友张玉兰常常一起去听农民组合和文化协会的演讲。虽然她只是一个十七八岁的少女，但因为父亲被日本人所杀，这些演讲特别能打动她的心。

二十世纪二十年代的台湾，受苏联革命成功与全球社会主义思潮的影响，也开始以现代性的社会运动方式，来进行反抗。文化协会走的是文化启蒙的路线，而农民组合走的是农民运动的群众路线。

在这样的环境下，简娥自然也受到了社会主义思潮的影响。农组的简吉、苏清江和陈德兴在高雄组织了一个读书会，经常一起研究《共产主义ABC》《资本主义的奥妙》等书籍，她很早就报名参加。她特别指出自己是受那些思想的影响才跑出来参加社会运动，并不像日本特务所污蔑或坊间一般的书籍所称,是因为恋爱,受简吉影响,才参加运动,她认为这是对女性运动家的歧视。

从一个单纯的女高学生到农组的女斗士,简娥曾自述,除了反日及社会主义思潮的观念等因素外,就是受同窗好友张玉兰的影响。她俩志趣相投,成为挚交。由于张玉兰参加农组被学校退学,简娥也萌生退意,不久即积极地加入正在蓬勃发展、又非常缺乏人手的农民运动中。

简娥退学参加运动,遭到家里的强烈反对。母亲眼见丈夫为了抗日牺牲,刚刚长大的女儿又投入抗日烈火,气得把她抓回家里,监禁起来。然而意志坚决的简娥趁清晨母亲熟睡当儿,跳到家后面一栋房子里逃跑了。

日本警察趁机煽动简妈妈说:"女儿逃跑,好像跟人跑了,名声不好。"

简母爱女心切,遂到法院,控告农组的简吉"诱拐"良家妇女。简吉因此被抓了。生性刚烈的简娥生为女儿身,却有男儿志,她亲自到法院去出庭作证,公开声明自己是自愿加入农民组合的,不是别人的诱拐。简吉当场无罪开释。

这件事在当时曾是轰动一时、众人瞩目的新闻。

一开始,简娥先到台中农组本部工作,后再转屏东农组支部。当时刚好发生蔗农争议。简娥一到那里,就被警察无故拘留十天,她认为警方任意抓人,没有法令依据,提出要求申请正式判决。她的申请书要送上去,必须盖上她的手印章,但因为监狱的刁难,说没有红戳子,她愤而咬破手指,以血书写判决书,并盖上章子。后来,果然判决无罪释放。

简娥的机警、勇敢，使她成为农民组合中闻名的女斗士。

作为一个群众运动团体，农组日常的主要活动是农村座谈会。农民白天下田播种插秧，只有晚上吃过饭后才有空。简娥在屏东支部时，常在傍晚时骑自行车去村里指导农民开座谈会。

通常他们围坐在村里一些思想较进步人家的晒谷场上，泡一大壶淡茶聊天，听民众诉说生活的疾苦。此外，还教导未受教育的农民读书识字。农组里有专门给年轻人看的书，简娥经常找一些浅易的书来教导农民。农组也针对农民生活，编撰《新三字经》，以浅显易懂的语言，教育农民了解自己的处境，增强反抗的理念。因为读起来朗朗上口，简明易记，不管男孩、女孩、青年人，都非常喜欢。简娥还分别组织了青年部、妇女部，扩大了农民的组织。

一九二八年，农民组合集合全部的农民领袖与干部，在台中乐舞台举办第二次全岛大会，不仅扩大活动内容，且声援日本被镇压的劳动农民党与左翼团体。此举引起日本警察的注意。一九二九年初，殖民政府发动"二一二事件"，逮捕简吉等农运领袖，并宣布农组为非法组织。

简娥只好潜入地下活动。她变装成农民，潜伏在中坜、桃园一带，继续组织农民，进行宣传，约有年余。

警察知道有农组的分子潜来当地工作，所以白天会来巡查，简娥就乔装成客家人，穿上客家人的衣服——长长的黑裤子，还戴上斗笠，有时也会戴上手套或走路时挑着空篮子。若警察来，这庄的农民就会向另一庄的农民通风报信"警察来了"，于是她就赶快离开，和农民一起下田工作。她富于机智，以神出鬼没、行动敏捷而见长。

简娥（左三）与台湾农民组合的同志

农民组合也支持其他的团体，如台共领导的台北透印印刷厂罢工。一九三一年三月受农组本部的指令，简娥北上支援透印会社的罢工，访问女工，奔走组织工会，并负责募捐工作。另外，在高雄苓雅草寮草绳工厂罢工的有很多女工，简娥也代表农组去支持，号召"罢工要继续、工钱要提高"……

一九三一年五月，简娥参加了在王万得太太郑花盆家里举行的第二次台共大会议，即松山会议。在这次会议上她被选为"台共中央委员会"候补委员，会后她被任命担任"中央常务委员联络员"。若有信件寄达，就负责去取给潘钦信、苏新等人。简娥因此和潘钦信恋爱。

一九三一年，台中农民组合的领导者赵港被捕后，日本大肆逮捕台共和农组成员。简娥决定和潘钦信一起转移到中国大陆。他们藏在基隆码头等船，但因日本警察严格检查，等了很久都上不了船，最后他俩在基隆被捕。当时，简娥已经怀孕，后来在狱中产下一个儿子。但因潘钦信已经结婚，简娥后来与潘分开。出狱后，和另一位农民组合干部陈启瑞结婚。那时已经是日本殖民统治的后期。

一九四五年台湾光复后，简娥因为结婚、生子加上身体不好（肺结核）长期在家静养，而没有卷入"二二八事件"与中共地下党的政治活动，但她丈夫陈启瑞原系农民组合的屏东潮州支部长。在白色恐怖时期，却因资助昔日农组的朋友，而以"资匪"的罪名和农组的张行两人一起被捕。

在白色恐怖的年代，当年农组的朋友和台共的同志，不是被杀就是被关，或逃亡或失踪。国民党还要日据时期因抗日而参加台共的人去自首与自新。简娥没有去自首，但她作为政治犯的家属，又有许多政治犯朋友，长期处于被监视的状态，精神上非常苦闷。七十年代初，她终于决定离开台湾，移民到美国。

后来简吉的儿子简明仁，作家杨逵，以及当年参加过农民运动、后来流亡到大陆的许多朋友，都曾到美国看望过她。

二〇〇四年三月，简娥以九十岁高龄，在美国过世。她的孙女回忆说，阿嬷是一个非常坚强的老人家，为了照顾孙子，八十几岁还去美国的社区学做菜。有一次，她去超市买菜，回家的路上遭到抢劫。她紧紧护住皮包，不让抢匪得逞。双方拉扯后，抢匪眼见无法得手，终于逃逸。后来她报警处理。警察问了她的年纪，看着她的模样，笑着说："老太太，你身体要紧啊，下次不要再和抢匪坚持了。"

无论在什么地方，她依然是一个坚强自持的人。

我是访问了她的儿子陈国哲，才了解了简娥的故事，并与陈国哲成为好友。也因为他的介绍，我才真正了解汤德章的故事。

二〇一四年，多次参与简吉活动特展，并对台湾社会弱势者多所关怀的陈国哲先生，因癌症在台北病逝。

二　汤德章的悲剧

我们曾在简娥生命的开始，提到一个日本警察的孩子，被简娥同母异父的哥哥救了。这个日本警察的孩子，跟着母亲姓汤，名为德章。

噍吧哖事件之后，孤儿汤德章靠着日本警察单位的救济和先住民母亲制作布纽扣维生。玉井公学校毕业之后，汤德章原本考取了"台南师范学校",但在学两年之后却因日籍教师的歧视与服装不符规定等因素辍学。辍学后,汤德章经人介绍进入"玉井糖厂"做上山烧木炭的工作。这个工作让他能与山间樵夫习得少林拳,并向乡间耆老传习汉文,打下日后文武双全的基础。

或许是因为他父亲是死于噍吧哖事件的日警所长的缘故,一九二六年年底,汤德章参加"台南州乙种巡查"考试,以优异成绩获得破格录取,先后被派任为台南州警察教习生、东石郡巡查。一九二九年又参加"普通文官考试",如愿及格。两年后,又升任"台南警察署巡查部长",成为破格任用的主管。一九三四年,二十七岁的汤德章又升为"台南州警察补",几年间便成为一位年轻的台籍局长级警官。

这期间,恰恰是台湾农民运动最激烈的年头。简娥到处参加农民组合运动,后来也因台共案件被逮捕入狱。当时许多人惊讶于在狱中,所有人都受到严刑拷打、残酷刑求,然而简娥却比较轻微。后来才知道,是因为汤德章的特别关照,她才能少吃一点苦头。

汤德章后来因无法忍受日本殖民政府的歧视政策,也不愿意在警界任职,乃转赴日本转读法律,通过高等文官考试,然而他却拒绝判事(相当于法官)官职,回台湾担任律师,在台南开业。当时已是一九四三年,战争走入尾声。

一九四五年台湾光复后,汤德章被推任为"南区区长",但由于不满官员对当时霍乱预防的漠视,而愤辞区长职位。次年当选"台湾省参议会候补参议员",并被选为"台南市人民自由保障委员会主委"。

"二二八事件"爆发后,三月二日夜间,台南出现群众解除

汤德章。他是日本警察的孩子，母亲却是台湾少数民族。他的日本父亲死于汉人的武装抗暴，他却被反抗者的孩子所救。他是日本人之子，却遭到殖民政府的歧视；他在日本攻读法律，却主动回台担任律师……汤德章的一生，仿佛悲剧的缩影，让人深思派出所武装及学生编组等事情，市参议会于是迅速邀集政府人士、民意代表及地方人士，组成"台南市临时治安协助委员会"，汤德章既有律师资格，又有警察资历，获选为治安组长。

三月三日"临时参议会"决议对政府提出撤销专卖局、县市长民选等七项要求，并以"台南市民临时大会"名义发布，此后台南市一方面有政府与地方人士组织的政治斡旋，一方面又有群众、公家机关、民间武装组织间交杂的零星冲突，汤德章从三日的临时治安协助委员会到五日成立的"二二八处理委员会台南分会"，始终以治安组长的身份，收编安抚地方组织及武力，力图平息暴动，从六日起，台南便已平静，市长也归位办公。

然而在秩序逐渐恢复的情况下，陈仪一面佯装接受改革，另一方面却秘密要求中央派兵。三月六日陈仪去电蒋介石要求派兵，亦提出几点改革要求。在当天晚上向全台广播之时，却只提："在县市长未民选之前，现任市长之中，当地人民认为有不称职的，我可以将其免职，另由当地县市参议会共同推举三名人选，由我圈定一人，充任市长……"对派兵一事，却只字未提。

许多县市对陈仪的言论信以为真，台南市并于九日（一说为三月八日）否定现任市长，进行新市长候补人票选。汤德章次于黄百禄、侯全成而居第三位。

正当地方人士欢欣自治成功时，三月十日政府突然宣布戒严，各地"二二八"处理委员会被撤销，南部防卫司令杨俊率兵迅速接收台南，包围参议会、举行收缴武器会议，并逮捕汤德章，称其"为首倡乱者"，由于汤德章坚持不供出"二二八事件"间台南民众组织的名单，在多番酷刑后，未经审判便直接由南部防卫司令部判死刑。

十三日上午十一时,汤德章被双手反绑、背上绑一标牌,押在卡车上游行,从西门路转中正路至市政府前的民生绿园枪决。并下令不准收尸。

汤德章一生,仿佛是悲剧的缩影。他的身份复杂多重,让人深思。

他是日本警察的孩子,母亲却是台湾当地少数民族。他的日本父亲死于汉人的武装抗暴,他却是被反抗者的孩子所救。他是日本警察之子,却受到殖民政府的歧视;他不愿成为东京法官,宁可回台担任律师;光复后他涉入台湾政治,却因"二二八"的暴动,而遭枪决,而且是最惨烈的示众,不许收尸。

如今,为了纪念他,特地在台南市盖了一个纪念公园。

简娥与汤德章,是台湾历史最奇特的交集。一个是噍吧哖事件反抗者的孩子,父亲死于事件中;一个是日本警察的孩子,父亲一样死于事件中,他却奇迹似的活了下来。两人虽然命运不同,一个成为农民运动领袖与台共干部,另一个成为警官,却同样受到日本殖民政府的歧视,而走向反抗之路。

台湾光复之后,一个死于"二二八事件",一个受白色恐怖牵连,丈夫入狱,自己也被监视。而他们的命运,竟都起源于一九一五年的抗日武装起义噍吧哖事件。当时他们的父亲,还是你死我活的敌我双方。

两个人,两个民族的命运,复杂交缠的交响曲。它是如此真实,如此复杂,如此交缠,远远超出了小说家的想象。

这不得不让人感叹,在大时代的飓风中飘荡,人的命运,飞扬而起,为理想献身,为信念坚持,为狂风吹落,永生无怨悔。如尘埃,如无由自主的风中之叶……

　　　　(初稿原载于《简吉:农民运动史诗》一书,经修订特刊于此)

带着小提琴的革命家：
简吉的故事

一九七三年冬天，趁着新年假期，简明仁从美国加州伯克利大学回到台湾，约定去拜会他女朋友的父亲——王永庆。

他和王永庆的女儿王雪龄在伯克利相识、相恋，到开始论及婚嫁，已经有两年的时间。双方的家长约莫都知道了他们的事，但未曾谋面，王永庆也希望有机会见见这一位未来的女婿。是以趁着新年假期回台之便，简明仁先去锦州街的家看王雪龄的母亲杨娇，再去王永庆办公室。

王雪龄的母亲早年农家出身，与王永庆在创业过程中一起吃苦，个性坚毅，温柔慈祥。她没多说什么，只是问候了他们在美国的生活，是不是还习惯，博士学位什么时候可以拿到等等。随即就由王雪龄的妹妹——王雪红带着，去王永庆的办公室。

王永庆的事业还没发展到后来那么庞大，但台塑、南亚、台化几家公司已经成立，明志工专也已开办，大企业的规模逐渐成型。像二十世纪七十年代的其他民间企业一样，他还在奋斗。那个年代，石油危机的阴影未除，蒋经国有感于危机时代需要扩大公共建设,开始规划十大建设。民间企业充满活力,想突破石油危机带来的不景气。

王永庆的办公室位于南京东路与建国北路口,简明仁坐在办公室外面的会客室等候,二十五岁的王雪红进去通报。不一会儿,王永庆出来了。他看起来精明干练,坚毅寡言,像长者那样,关心地询问了他在美国的学业、专业、何时毕业、有什么打算等等。王永庆并未询问简明仁的家世和背景,仿佛只要是女儿喜欢、人看起来正直可靠,就放心了。

一年后,简明仁的大哥陪着母亲陈何去王永庆家正式提亲,好让两个在美国生活的孩子完成终身大事。简明仁和王雪龄的婚礼在洛杉矶举行,不仅王永庆和王雪龄的母亲杨娇都来了,连王永庆的妈妈也特地飞来参加。简明仁的妈妈陈何也来了,陪孩子住了两个月,一家人度过一段愉快的时光。

在美国这一段时间,简明仁悄悄地寻找自己父亲——简吉的历史行迹。简明仁的父亲在他四岁的时候,就以中共地下党的罪名被枪决。他的母亲很少谈及父亲,一来是"戒严"时代,他父亲是政治犯,他的名字本来就是禁忌;二来是如果孩子因为父亲之死关注政治,心怀怨恨,开始有反抗的思想,采取行动,会带来不测的后果。她宁可让孩子不知道父亲的过往,也不愿意孩子重蹈简吉的覆辙。

即使在家中,简吉也只是谜一般的名字,不能提起的禁忌。

简明仁到了美国,却感受到不同的社会氛围。特别是一九七一年的伯克利,正是美国学生运动的大本营,虽然学生运动的高潮已过,但校园里还有几面建筑的大玻璃被学生打破,尚未修复;校园里贴满了反战的标语,下课时间的校园广场,还有人聚集演讲反战与黑人民权运动。简明仁如何不接触到开放的思想呢？

也正是在美国，他从校园的图书馆开始寻找父亲生前的足迹。然而，那些历史被掩埋太久，似乎无法理清。

一九七九年他受台湾交通大学邀请回台湾任教。一九八〇年，简明仁事业安定下来，想花更多时间陪一陪母亲，决定接母亲来台北一起住。

又过了一段时间，有一天简明仁突然想起母亲一个小小的布包，他打电话问还在南部的哥哥简道夫："母亲的那个小布包还在吗？"

"还在啊。"简道夫说。

"我想要用。"简明仁说。

那时，简明仁已经是大众计算机公司的董事长，事业有成之后，他开始认真研究父亲，逐渐了解日据时代的文化协会、农民组合，以及父亲延续到二十世纪五十年代的生命故事。他也曾找了日据时代的社会运动者如许月里，白色恐怖时期受难者林书扬、陈明忠等一起聚会，想多了解那个时代的历史。

他的母亲从日据时代丈夫开始从事农民运动后，就靠着助产士的工作维生，养活几个孩子，好让毫无收入的简吉没有后顾之忧。直到年纪大了，皈依佛门，觉得接生的工作老是让她双手沾着血污，拜佛不虔诚，她也累了，就决定退休，只是安静吃素念佛。她搬到屏东和第四个儿子简道夫一起住。简道夫见她天天把一个小布包打开来，拿出经书，安静诵念。佛经的中间夹有几个泛黄的本子，虽然永远在她的手边，一起和经书拿进拿出，却未曾打开过。后来，简道夫曾打开看，字迹是用日文写就的，一问才知道是父亲的日记。但他并不知道是什么内容。简明仁问的，就是那些日记本。

拿到了那些泛黄的日记，简明仁请人翻译出来。然后，他才看见父亲手写的日记里，曾埋藏着多么壮阔的胸襟，多么强劲的理想和无法熄灭的人道主义精神。

两本狱中日记记载着简吉一九二九年与一九三一年两次入狱的心情与反省。

一

一九〇三年，简吉出生在高雄凤山。日本殖民统治台湾进入第八年。因为家庭贫困，从小得帮忙农事，简吉入学比别人晚，到十五岁左右，才从公学校毕业。也因为农事的辛劳，他把受教育、有知识视为生命的恩宠。公学校毕业后，简吉考入台南师范学校。对当时贫困的农村来说，这有如"家里出了一个状元"般的光荣。

一九二一年，十八岁的简吉从台南师范毕业，被分配到母校凤山公学校担任教员。报到第一天，所有老师都认得这个几年前才从学校毕业的学生，看到自己教育的孩子学业有成，老师们都非常高兴。简吉也非常恭敬，对他们执弟子之礼。简吉是学校里最年轻的老师，大家都特别照顾他。

唯一和他一样年轻的老师，是一个台南市来的女教师，名叫陈何。她是独生女，父母亲在台南市区开店做生意，家庭富裕，不但让她从小受教育，还允许她抛头露面，到凤山公学校来教书。由于受教育较早，当她开始教书的时候，晚读的简吉还是公学校即将毕业的学生。简吉因此特别地敬重她。

简吉（1903—1951）

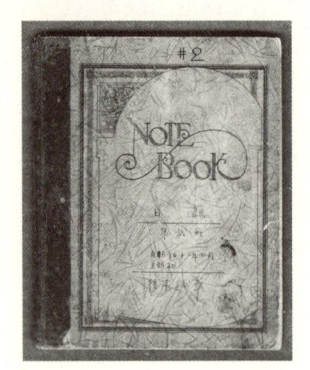

简吉的狱中日记

然而他们毕竟是学校里最年轻的两个老师。师长和同事不时地鼓励他们交往，仿佛把他们视为天生的一对。就这样，他们自然而然地交往起来，不久便论及婚嫁了。

婚后，陈何遵循古老的传统，辞去教职，扮演起家里长媳的角色。她侍奉公婆，打理家计，养鸡喂牛，下田种地。从一个富裕家庭的独生女变成一个农妇，没有一句怨言。

婚后几年里，她生了三个孩子，长子简敬，次子简恭，第三个儿子则为了延续陈家的香火，取得简吉的同意，从母姓，取名陈从。

初为人师，简吉非常认真。他看到孩子不用功，或因家境困苦而无法就学，会难过得流下眼泪。他知道知识才能改变一个人的命运。他的命运就曾因此改观，他也希望农村的孩子都能像他一样，可以过上新的生活。

然而，简吉发现，那些衣衫褴褛的孩子，拖着疲惫的身体来到学校时，已经疲倦得无力上课，因为一早就要起来做农事；要不就是农忙的时候，根本无法来上课。孩子们要参与大量的劳动，却无法得到基本的温饱。面黄肌瘦的孩子，在课堂上只能露出被生活过早折磨的疲倦。

"问题不是出在孩子身上，实在是农民无法生活啊！"作为农村的孩子，简吉当然很清楚。

"我在村庄做教员的时候，生徒们概由学校归家，都要再出田园劳动，因为过劳所致，以致这样的儿童，虽有往学校就读，而教学效果往往便失其半。为此我想，在那里当教员，却是月俸盗贼。为这样的原因，而辞去教职。"

这是简吉在一九二九年"二一二事件"第二回公审答辩中所做的陈述。

即使到了二十一世纪的今天，简吉这一份陈述中，以"月俸盗贼"来批判自己的教职，其中所蕴含的深刻，依然让人心神为之一震。

二

日据时期台湾人的武装反抗从一八九五年《马关条约》签订开始，就未曾停止。即使到了统治二十年之后的一九一五年，台湾仍发生西来庵事件，死伤异常惨烈。直到一九一七年苏联革命成功，加之受到大陆五四运动的影响，台湾民众的反抗才从武装起义，走向现代性的社会运动，即文化启蒙与示威请愿运动。

依日本事典的记载，日据时期台湾四大社会事件是：议会设置请愿运动、农民组合运动、共产主义运动、雾社事件。

简吉参与的农民运动又是如何开始的呢？

有"日本人良心"之称的学者矢内原忠雄在《日本帝国主义下的台湾》一书中曾指出，日本统治台湾主轴为"资本主义化"，最重要的政策有三：一是一九〇四年币制改革，使台湾与日本使用相同货币，达成经济的统合；二是一九〇五年的土地调查；三是一九〇八年纵贯铁路的开通，以及基隆、高雄二港的筑港成功。

其中，土地调查有特别重要的三大利益：其一，明白地理地形，统治更为有效，每一个农民土地所有权纳入政府管制之下，无人可遁形。其二，整理隐田，使原本土地关系不明确的地方，收归公有，殖民当局所控制的土地面积扩大，意味着财政收入的增加，但原本农民开垦耕作的无主荒地，顿成官有地，许多农民顿失依所。其三，土地权力关系明确化,成为日本资本家投资的诱因;而日本发展糖业帝国的政策,更扶持了资本家强迫农民种作甘蔗,剥削农民。

农民承诺种甘蔗,制糖株式会社就以契约签订"卖身契",会社提供蔗苗,但农民必须保证种植并交会社收购,若有违约,需负赔偿责任。

农民出农地,负责种植,而种植出的农产品——甘蔗,却不能自己出售,只有卖给制糖会社,这样,农民等于是为会社劳动、赚取工资的工人而已。更何况,会社的收购价格往往压得特别低,或者在磅秤上做手脚,使农民损失惨重。

矢内原忠雄称台湾蔗农为"农业的无产劳动者"道理即在此。台湾农民运动的反抗,就是从这里开始爆发的。

三

日本对台湾的殖民,采取所谓"工业日本,农业台湾"的政策。更因为台湾气候适合种植甘蔗,清朝时期台湾已为糖业生产基地,日本对台湾制糖的经营不遗余力,订定各种办法,操纵蔗农,实施"采收区域制度"和"产糖奖励法",以榨取蔗农血汗。

当时有一句台湾俗语说:"第一憨,种甘蔗给会社磅;第二憨,吃烟吹风;第三憨,吃槟榔呕红。"[1] 即是明证。

另一句话是"两个保正不到五十斤"。意思是说两个保正(当

---

[1] 意即最傻的人是种甘蔗给日本公司去称重,第二傻是抽烟吹风,第三傻是吃槟榔吐出红色槟榔汁。

台湾蔗农

蔗农带着甘蔗去交给日本会社

时的里长），加起来的重量，不到三十公斤，可见克扣欺骗之严重。

农民的反抗是由彰化二林开始的。当时有一位医生李应章是新一代的西医，毕业后回到家乡二林开业，常常骑着一辆摩托车在乡间看病，他也是台湾文化协会的创始者，到处提倡文化启蒙，教育民众知识，深得农民的信任。

二林本是一个安静的农村小镇，在蔗农反抗林本源糖厂发生后，台湾文化协会特别于一九二五年四月十九日，请林献堂到二林举办演讲，一时人山人海，盛况空前，民众反应热烈。此事促成了农民的政治觉醒。在文化协会的支持下，一九二五年六月，文协理事李应章在彰化二林成立"二林蔗农组合"，随即开始向林糖交涉提高收购价格，也向北斗郡、台中州、台湾总督府请愿，但都没有得到善意回应。

甘蔗采收进度必须配合糖厂的作业能力，必须排定顺序。通常甘蔗越早采收，水分会越大，对蔗农较有利，以往为求公平，林糖都是采取抽签的方式，但一九二五年林糖为迫使农组就范，决定先采收未加入农组的蔗农甘蔗，两方不可避免地发生了冲突。

十月二十二日早上，林糖及雇工三十几人强势进行收割。当天下午一点左右，远藤巡查部长率六名巡查、北斗郡喜多特务（特别高等警察）及糖厂社员二十多人、雇工十六人前往支持收割。农组这边的蔗农见状也号召更多人前来，双方对峙情势紧张。

为突破僵局，糖厂原料主任矢岛抓起一把镰刀开始收割，并要雇工一起收割，警察见状一拥而上保护矢岛。围观的农组成员除高喊"未发表蔗价不准割蔗"外，也有人拾起蔗节及土块向矢岛扔掷。远藤等警察立即拔出佩刀，护卫矢岛继续收割，蔗农于是大声质问警察"何时做糖厂走狗，为什么要拔刀"，数名警察立

李应章。从台湾总督府医学专门学校毕业后，李应章在家乡二林开设诊所，加之其出自彰化地主之家，在地方很有威望。那时台湾乡村交通非常不便利，李医生经常骑着摩托车出诊，后面放着他大大的牛皮制医疗包。他一面为人治病，一面宣扬文化启蒙。不久后，他的家乡爆发了"二林事件"，他领导的二林农民的反抗，点燃了台湾农民运动的火把。在台湾南部，则由简吉点燃了另一把火即将佩刀归鞘，但有两名警察仍继续挥舞佩刀，这激化了蔗农的情绪，并引发彼此的冲突。在冲突中，那两名警察的佩刀被蔗农夺走，警察、糖厂人员被赶走，但蔗农见事态严重，也纷纷散去。

事发当时，李应章不在现场。他是出诊后回医院，经聚集于诊所的群众说明，才了解原委。他立即要求大家冷静，群众的情绪才逐渐平静下来。

十月二十三日早上，大批巡查包围李应章的诊所，逮捕李应章并搜走蔗农组合相关文件，除了李应章外，巡查也在各地展开大规模的搜捕，总共逮捕了九十三人，先送到二林警察分室拷打后，再转送到北斗警察局关起来。在二林警察室拷打时，用刑极为残酷，有人因而残废，也有人不堪凌辱而自杀。之后又陆续搜捕，被逮捕者总计超过四百人。被捕的人中，许多其实只是当天在场看热闹的群众，既非农组成员，也没有参与冲突，而且，即使当天含围观群众，也不过才二百余人在场。

日本劳动农民党知悉此事，十分同情二林事件被起诉者的处境，派了麻生久和布施辰治两位律师来台协助辩护，文化协会也派了两名律师帮忙辩护。

李应章与二林农民的反抗，点燃了台湾农民运动的火把。农民对日本糖业政策本就有不满，此时更激起反抗的波澜。李应章起始于彰化，南部的高雄则由简吉接续，点起另一把火。

四

一九二五年十一月十五日，二林事件不到一个月，凤山小作人组合就改名为"凤山农民组合",推简吉为组合长。凤山农民组合的成立和简吉的加入,是台湾农民运动走向抗争扩大化、组织化的转折点。

"凤山农民组合"起源于陈中和新兴会社要收回租佃给农民的土地,佃农一旦失去耕作土地,生活顿失依所,因而纷纷抗议。最初并无组织,后来在简吉等人的指导下,农民团结起来,进行集体抗争。凤山农民组合协助当地农民向陈中和新兴会社抗争,协助谈判,终于取得胜利,陈中和新兴会社同意延后七年收回凤山街的土地。

和二林事件相比,凤山农组的胜利,是农民首度抗争成功。这大大鼓舞了被压迫的农民,各地农民纷纷邀请简吉前去演讲"凤山经验"。自此开始,简吉由一个地方知识分子,一跃而为农民的新希望。只要有农民被压迫的地方,他们就想到找简吉和凤山农组,请求协助。简吉因此到处演讲,鼓动人心。从一九二六年开始,凤山农民组合组成演讲队,分赴农村演讲,以期唤醒农民的抗争意识,宣传抗争经验。被压迫的农民只是抗争的干柴,简吉有如在农村到处点燃农民运动的火把。如果说李应章是农民运动的盗火者,简吉则是农民运动的推手。

他为了农民运动,放弃了被社会所敬重的小学教师职位,投身反抗运动,南北奔波,辗转城乡,找资源,帮农民,建立起两万四千多会员参加的台湾农民组合。在日本殖民政府的强大压力下,这是何等的坚毅,这是何等的强大动能。

一九二六年,简吉奔走过的地方,简直到了惊人的地步。他协助成立的农民组织,就有台中大甲农民组合、云林虎尾农组支部、台南曾文农民组合、嘉义农组支部等。在通信困难,只能靠人面对面去联络,而交通又极为不便的当时,若不是有极大热情,是无法支撑下去的。

《警察沿革志》曾分析：

> 在全岛各地反对将土地放领给退官官员的运动过程中，与日本农民组合、劳动农民党建立了联系，尤其受为二林事件而来台辩护的麻生久、布施辰治的启发，逐渐走向左倾农民组合的形态，同时增强了结合为全岛性的统一农民团体的机运。

有感于各地农民组合增多，有必要建立一个全岛性的组织，来团结农民，联合力量，交换经验，共同抗争，一九二六年六月二十八日，于凤山召开"各地方农民组合干部合同协议会"[1]，讨论此一问题。参加者有来自大甲、曾文、嘉义的代表共十人，简吉、黄石顺提议设立"台湾农民组合"，结果无异议通过。

震撼日据时代台湾史的最大社会运动组织"台湾农民组合"，卷起大时代的风雷，踏上历史舞台。

五

简吉在这一段时间里，以高雄、屏东为基地，进行农组的组织工作。根据当时参与农组的周甜梅[2]回忆，当时简吉都是骑着脚

---

[1] 合同，闽南语的意思即会合。
[2] 周甜梅与后来担任过嘉义市长的张许世贤是同学，许世贤是台南第二高级女子中学第一届，她是第四届。许世贤的女儿张博雅是她的儿媳妇，她在二〇〇四年受访时，已经九十五岁高龄。

踏车，从高雄凤山来到屏东市，再以屏东市的一处农组的办公室为中心，到附近的农村如万丹、万峦一带去演讲办活动。

当时的农民非常恐惧日本政府的高压殖民统治，除了土地被日本政府侵害才起来反抗的人之外，大部分农民不太敢出来参加活动。农村的年轻人比较有勇气，愿意来参加。

在屏东的日子里，简吉常常白天出去，晚上才回农组办公室休息，次日一早，又出门去了。简吉的交通工具就一辆脚踏车，在农村的牛车路上奔走，从屏东到另一个村子，一次来回就是十几二十公里，中间又要演讲，为农民排难解纷，处理争议，其辛苦不难想见。但简吉却是以此为职志，日复一日，在路上奔走！

"台湾人，一点血，一点泪。"八十年后，周甜梅还记得那时候，简吉总是这样说。

"台湾人，唐山移民来台湾，两手空空，靠两只脚，一双手。一块土地啊，一粒稻米啊，都是血汗，都是眼泪。日本人什么都不管，来了就抢。台湾人，真可怜。一点血，一点泪。"简吉的说法，总是让周甜梅夫妇深深感动。

当年屏东农组的办公室就在她家对面，她先生和简吉感情很好，简吉来屏东，常常会过来喝茶聊天。有时从农村回来，累了一天，会顺道过来打个招呼，喝杯水，说两句话，再回去休息。周甜梅夫妇都钦佩简吉，他们知道，当年的老师，可以戴上象征荣誉的官帽，还可以佩带一把剑。在农村，那是一种地位，一种权力的象征，简吉却抛下了"权力之剑"，带上他的小提琴，在农村流浪奔走。

她记忆最深的是，有许多个夜晚，简吉从农村归来，满脸的尘土和风沙，全身大汗，他扶着脚踏车，喝一口水，说不到两句话，就说："快累死了，得回去休息。"然而过一会儿，农组的办公室那边竟传出小提琴悠悠扬扬的琴音。

周甜梅不懂小提琴,不知道那是巴赫的《协奏曲》,或是柴可夫斯基的《悠扬的慢板》,或者是《流浪者之歌》,她只知道那音乐虽然好听,但简吉不是骑了几十公里的路,累得快死了吗?怎么还在拉琴呢?

她和先生跑去问:"你刚刚不是累得要死了,怎么还在锯呀锯的,锯个不停呀?"

"不是啦!"简吉自己也笑起来,说:"你们不知道啊,如果我不拉,那才真的会死呢!"

"不拉怎么会死?"周甜梅觉得这个人真是怪,不休息才会累死!

"你不知道啦。我啊,不拉小提琴,才真的会死呢!"简吉依然笑着说。

"好啦,好啦。我们知道了。你就早早休息吧!"

即使九十五岁了,周甜梅依然记得那些安静的农村夜晚,那个白天在牛车路上奔波,为农民拼命,从事农民运动的革命者,夜晚却拉着小提琴,让南方农村的星空下,飘浮着悠扬的乐音。

然而,从更深层来看,这音乐之爱和对农民之爱,外在形式虽然如此不同,在本质上,却是同一种生命气质。它更像是镜子的两面,映出简吉的内在灵魂。

六

一九二七年二月二十日,简吉和赵港为"土地拂下"和"竹

无数个安静的夜晚，那个白天在牛车路上奔波的革命者，一身疲惫地归来，却拉起了小提琴，让南方农村的星空下，飘浮着悠扬的乐音

林争议",一起赴日本东京,参加了日本农民组合第六届大会。他们直接拜访日本首相、农相、议员等人,向议会请愿,但没有人接受,只有议员清濑一郎于三月十二日向众议院提出请愿书。虽因政府官员不出席,未获得任何结果,然而,这一次日本行,他们不仅目睹了日本风起云涌的农民运动,还拜访了日本农组与劳农党,与日本左翼团体建立了结盟关系。日本社会运动健将十三人包括布施辰治、古屋贞雄等人,都允诺担任台湾农民组合的顾问。

一九二七年十二月四日,台中市乐舞台召开了"农民组合第一次全岛大会",这不仅是第一次全台湾农民组合支部与会员的大集会,更是旗帜鲜明地标榜革命色彩的开始。当天,与会者有八百名,包括代议员一百五十名、旁听者六百余名、来宾五十余名。日本劳动农民党干部、也是台湾农民组合律师的古屋贞雄自朝鲜来,日本农民组合中央委员长山上武雄自大阪来,参与指导大会。文化协会连温卿则坐于顾问席上。侯朝宗任会议主持并致开会词。

在农民组合全岛大会前后的一九二七至一九二八年,两年间,台湾农民运动达到前所未有的高峰。经农民组合指导的农民争议案件,竟达四百二十余件。而引发各地农民组成"农民组合"支部的动机,几乎都是为争议案寻求协助。这些争议在全岛各地发生,却都未解决,这就让农民组合组织迅速扩大。但另一方面,则是冲突与镇压的力量也持续加大。

一九二八年对日本共产党的所谓"三一五检举",有一千多人被逮捕,是一次致命的打击。受日本共产党影响的劳动农民党、全日本无产青年同盟、日本劳动组合评议会等三团体,也跟着被命令解散。日本的左翼运动大受打击。台湾农民组合则不甘心屈服,以"彰化劳动者农民联合大会"的名义,写了一封抗议书,于五月一日函送内阁总理大臣。

台湾农民组合失去日本友党的奥援,备感孤立。但台湾农民组合战斗的决心与斗志却未曾停息。各地农民组合政治斗争不断扩大,例如南投郡山本农场的争议,后来因此组织了农民组合中寮支部,做长期抗争。

为了扩大影响,声援日本的农民运动,一九二八年十二月三十日,农民组合最盛大的"第二次全岛大会"在台中市初音町乐舞台举行。据日本官方记载,参加者有全岛代议员一百六十二名、来宾一百三十名、旁听者三百五十名至四百五十名。

这一次的大会是在日本警察的高度监控下进行的。开始的人事任命、贺电之后,刚开始进行"本部情势报告",就面对六次的中止命令,由六个人以接力的方式念完。各支部的情势报告,更是连续被大叫中止,冲突叫骂不断升级。简吉在会场努力维持秩序,一旦升级到非常危险时,他就先宣布休息暂停,大家拍照留念。第一天是在这种状态下勉强结束的。

这一天下来,农组的主要负责人已经预感到日本政府不打算让他们平安开完会了。次日开始,立即变更议程,先进行预算决算报告与委员选举。简吉仍当选为中央委员。在审议议案的部分,议长杨春松看破日本政府的企图,干脆只出示印刷物,宣布无需说明,不让日本政府派来的临监官有找借口的机会。果然,到议长说明议案内容时,就不断被临监官下令中止,场内一片不满的哗然,全员起立抗议,大叫不当。结果,第二次全岛大会就此被下令解散。简吉等八人还遭到检束。

农组第二次全岛大会的高度紧张状态,预示着日本殖民当局镇压时代的来临。有没有违法,违反什么法,到什么程度才应该取缔,取缔的现场要不要取证,是不是合法合理……这一切都不是理由,总之,殖民政府就是要中止活动,检束农组干部,使农组无法继续下去。这不是片面地对付农组的某一部分人,而是全面性的"开战",整体的镇压。

一九二九年开春,二月十二日,农历大年初三早晨,家家户户还在新春的喜悦中,日本殖民当局就发出了"全岛大整肃"的逮捕令。这就是著名的"二一二事件"。

《警察沿革志》记载:由于检举范围太广阔,牵连太庞大,涉及农组全体的主要干部,整个农民组合的基础几乎动摇。除了部分地区依然坚定抵抗,其余支部的组合员统制开始紊乱,解散的支部有两个,办事处有一个。检举前的组合员数为一万一千四百七十四名,检举后减少了二千一百零五名,成为九千三百六十九名。

"二一二事件"之后,台湾农组的确有一段时间陷入大困境,人心动摇,失去领导人的组合解散,活动停顿。但随着一九二九年七月赵港、八月三十一日简吉的保释出狱,所有干部再度集结,共同致力于再建方针的订定与实践。赵港起草《农民组合新行动纲领》,简吉出面成立农组台北办事处,事务所设于台北市上奎府町,由张道福、许月里开始办事。

一九二九年十二月二十日,控诉审判决的结果出乎人们意料,原本被判刑四个月的简吉,竟被改判一年;由于他们当场提出上诉,甚至当场被取消保释,立即入狱。此时,简吉的律师古屋贞雄看出殖民政府是有意以此杀鸡儆猴,对反抗者刻意加以更强大的压制,乃建议所有被告先不要再提上诉。就这样,简吉入狱,在狱中写下他后来留下的日记。

一开始,他用反讽般的笔法写着:"控诉审[1]宣判。审判长面带微笑宣判。简吉,监禁一年。杨春松、张行、江赐金、苏清江,各监禁十月……"

简吉在狱中读书、写笔记、学世界语,一年的时光过去后,出狱当天,他在日记上写着五点感想:

十二月二十四日(星期三),出狱当时的感想:

(一)像我入狱当时所写的感想那样,关于这次服刑,自己并未感到有任何罪恶。违法行为并不一定就是罪恶行为乃至不道德行为,可是,自己连违法的感觉都没有。

(二)报复主义思想还很浓厚的人,并不把在监人当作人看,即使不研究社会问题,恐怕也需要理解"犯罪的社会性"。任何大罪犯都是从彼此相同的社会中出来,如果认为自己是社会一员的话,应该是咎由自取。

(三)在狱内没有受过其他教诲教育。

(四)衣食都感到不足。寒冷季节夜间冷得不能入眠,如果睡不好觉,肯定不能锻炼身体,只会害健康。衣服更换期间长,很不卫生。夏季出汗多,被雨淋后,还连续穿两周或二十天,很是痛苦。

(五)祖母临终时未能见面,极其难受。

没有后悔,没有情绪,他只冷静说出监狱的报复主义管理,

---

[1] 相当于高等法院。

不把人当人看；至于他自己，他从未认为自己犯罪，更没有违法。他有如在监狱里做了一场精神修炼。

七

一九三一年三月二十四日，台北北警察署为了查缉台共活动，展开全面搜查。有两个警察在某人家进行搜查，却发现一名青年在堆满书的桌子上奋笔疾书。警察向前讯问，他突然拿起桌上的一张文书，放入口中，咬碎吞咽下去，并顽强抵抗，试图逃走。这两名警察心知有异，一番格斗，对其加以逮捕，并且扣押所有文书。

这个人不是别人，正是简吉的战友——赵港。赵港此时已罹患肺结核，却以全心的狂热，投入台共革命。警察逮捕他之后，他以为就像"二一二事件"一样，殖民政府已展开大逮捕，内心不甘，就在马路上高呼"共产主义万岁！"，结果日本警察更觉有异，反而加以更重的刑求讯问。他的身体也因此被打坏了，终于没能够活着离开日本人的监狱。

此时，由于"九一八事变"的发生，日本与中国的冲突日益严重，第二次世界大战已经无法避免，情势愈发险恶。为了响应中国的革命，眼前的当务之急，是尽快恢复组织，领导群众。既然文化协会与农民组合都无法活动，就只能以另一种面貌出现，这便是因应大量被逮捕的同志而组织起来的"赤色救援会"。

赤色救援会的组织原则是：以十名为基准，结成一班，五班构成一队，随着队的增加设置地方委员会。当组织遍及全岛时，设立中央组织。救援会会费采用不定额会费制，依会员财力状况而定。其组织方针应从存在着斗争问题的地方开始，经由斗争逐步发展。

为了组织救援会，另外设置筹备委员会统制准备工作，一直到中央机关成立为止。此一工作，交由简吉负责办理。赤色救援会有一个深具号召力的目标："这是为了救援被日本帝国主义所逮捕的同志而做的。这些同志因被捕，家庭生活艰苦，他们为农民工人而受苦，我们有义务照顾他们的家人。有钱出钱，没钱出力，为他们做一点劳动也是应该的。"

然而日本殖民当局很快察觉此一组织，进而进行全岛大逮捕，追查赤色救援会长达两年余，所有关系人，除非流亡，否则全部入狱。农民组合、文化协会、赤色救援会的社会运动也因此宣告结束。"赤色救援会"可说是日据时代最后一波社会运动。简吉是战到最后的一个领导者。

八

一九四一年年底简吉出狱的时候，已是三十八岁。这一次的牢狱之灾，足足坐了十年，一天也不少。从一九二六年投身农民运动，他的青春岁月，有三分之二以上在狱中度过。

出狱后的简吉，并无充分的自由。"特高"[1]照例会来"探望"他，其实是监视他的行动。另外，他也得回高雄监狱去向教诲师报到，也算是另一种监视。

---

1 日本警察组织里有所谓"特高警察"，专门承办政治犯、思想犯，简称"特高"。

据曾任职于日据时代高雄监狱的张壬癸先生回忆，当时监狱的教诲师田中行园对简吉相当敬重，认为他是不可多得的人才，佛教的理论也了解得相当透彻。高雄州知事名为坂口主税，也对简吉相当欣赏。他常常说，"简吉是一个难得的人才，可惜是台湾人"。

"可惜是台湾人"，这一句话，道尽了日本政府歧视台湾人的本质。

简吉只能沉潜下来。这一段时间里，他和妻子、家人度过此生唯一的一段安静岁月，时间不到四年。一九四三年，妻子陈何生下第四个孩子：简道夫。

一九四五年台湾光复之后，简吉曾任"三民主义青年团"台湾区团部高雄分团副主任，为农民争取权益。后来昔日农民组合的老同志刘启光担任新竹县长，找他去担任桃园农田水利理事职务。

刘启光本名侯朝宗，是农组"第二次全岛大会"的主持，并被选为书记长，后因台共大检肃而逃亡大陆，改名刘启光。他在大陆参加抗战，抗战胜利后，在国民政府担任要职，如今找回简吉，无疑是找到当初的领导人，由他来担负起为农民运动平反的工作。此时刘启光不忘旧日农组的情谊，不但设"台湾革命先烈遗族救援会"，还在新竹设立忠烈祠，公开祭拜牺牲的抗日志士、农组同志，同时他还领养了赵港的遗孤。他请简吉担任桃园农田水利会工务课长，或许不无让简吉完成当年"赤色救援会"的救助抗日志士遗族的使命吧。

过了一段时间，简吉过去的农民组合干部张志忠从大陆回台，协助蔡孝乾组织中共在台湾的地下党，他来找简吉。简吉随即辞去工作，随张志忠潜入地下。

一九四七年"二二八"时，简吉和张志忠都在嘉义，组织民

简吉的妻子陈何与儿子简明仁

众，参与武装战斗，他们将队伍命名为"台湾自治联军"，与谢雪红在台中的"台湾民主联军"形成互相声援的两个武装团体。其命名即隐含了"二二八事件"最重要的两个要求：民主、自治。

一九四七年三月八日，国民政府二十一师从基隆上岸后，即从北向南镇压。此时简吉和张志忠转入山区，希望建立山上的游击队，然未能成功。

而就在这时，简吉的妻子陈何，正怀着最小的孩子，即将临盆。三月二十三日，当简吉与陈篡地在指挥武装战斗的部队转移时，陈何独自一个人，在台南的家里，腹中的胎儿开始胎动。国民党军队镇压来临，外面一片战乱，医院停摆，她没有办法找人来帮忙，要独自把孩子生下来。她一人在暗黑的房间里，忍着一个女人一生中最剧烈的疼痛，忍住一次又一次的胎动，把孩子从自己的子宫，生了下来。

孩子一出生，她浑身大汗，虚弱不堪，但作为助产士，她知道要剪断并绑好脐带，为血泊中的孩子擦干净身体，用棉布包好，处理好之后，她力气用尽，竟昏死过去了。

也不知道过了多久，孩子的哭声终于唤醒了她，她慢悠悠地苏醒过来。

瘦小的陈何独自抱着孩子，开始哺乳，相依为命一般，坐在暗黑的房间里，在一个战乱的世界。她不知道丈夫在哪里，更不知道简吉正走在革命的山路上。没有人知道她未来的命运……

陈何一生都未向孩子说过"二二八"时她把孩子生下来的刹那，独自坐在黑暗的房间里，是如何支撑下来的；更未曾透露过她对简吉的感情。她只是默默把乱世生下来的孩子带大，默默地，让他们成长……

没有人了解过她内心的想法。一个农民革命家的妻子，付出了不下于简吉的代价。

这个"二二八"之后出生的孩子，后来由简吉命名为"简明仁"。

传说"二二八"之后，被通缉的简吉曾偷偷回过几次家。他也曾紧紧抱着孩子，深知见面多么不易。但他只能在半夜归去，天未亮就走。他的家已被严密监视，他不敢多做停留。

简吉成为家乡的传说，一个不能说出口的禁忌。

九

简吉于一九五〇年四月二十五日遭到逮捕。

在台湾档案局所解密的资料里，有两份简吉的讯问笔录。第一份是一九五〇年十一月八日。为了不牵连他人，简吉所有的交代都非常简单。与张志忠的关系，他只说："因我有一朋友叫蔡孝乾写一封信，交姓吴的转交我。信内说要我与姓吴的联络，因此我就加入共产党了。但这姓吴的，我在保密局时，他已经被捕了，但他不姓吴，是叫张志忠（这是保密局法官告诉我的）。"

当时监狱中住满了政治犯，风雨飘摇中的国民政府不知道未来会如何，信心全面动摇。军政司法人员因恐惧万一台湾防守失败，共军来了，展开报复，他们会死无葬身之地，因此不敢下令枪决政治犯。

等到一九五〇年六月朝鲜战争爆发后，国际冷战格局形成，美军协防台湾，国民政府认定台湾安全无虞，军心初定，才开始在狱中大量枪决政治犯。

在这样的大情势下，简吉无法避免地走上他人生的最后道路。一九五一年三月七日早晨六点，他被带上刑场。

没有人知道，他在最后走向刑场的时候，会不会想起很遥远的那个下午，他初当上小学教员，穿着体面的西服，和父亲站在有着水牛和竹林的农村里，拍下一张照片的时刻，父亲流露出安慰而朴素的眼神，以及乡村的阳光中，闪烁在水田上的露珠……

想起，他刚刚当上教员，看到孩子无法上学的困苦，看见孩子顽皮不受教而流下的眼泪……

想起，他站在屏东的农村之夜，疲惫归来，抱着喜爱的小提琴，那悠扬的琴音让他内心升起无限的爱与勇气……

一〇

不断追寻父亲生命史的简明仁，为了还原历史真相，从二〇〇四年开始举办"漫漫牛车路：简吉与台湾农民组合运动"图片展，在全省几个地方展出。二〇〇九年，随着《简吉：台湾农民运动史诗》一书的出版，简明仁更是到各大学举办图片展览与巡回讲座。到二〇一五年为止，共举办了五十几场展览与讲座，感动了许多未曾听闻过这段历史的学生。

一九四七年三月二十三日，当陈何在"二二八事件"的烽火战乱中，独自在紧锁的房间里，剪断脐带，靠自己的力量把孩子生下来，甚至昏迷过去的时候，她未曾想到那个孩子，竟是简吉为这个世界、为农民运动所传下的最后的火种。

那个孩子沉寂奋斗，出去读书，在美国和王雪龄恋爱；他们想结婚的时候，简明仁回台湾面见了王雪龄的父亲王永庆。王永庆当然听过简吉的名字，那个在农民心中正直奉献的"人格者"形象，他为农民牺牲一生的理念，已深植人心，虽然农民只能把那禁忌的名字放在心中。王永庆的公司里也用过政治犯，他曾说："政治犯是为了理想而献身，人格正直，不会贪污。"他欣然把女儿嫁给简明仁。

简明仁在追寻父亲的行迹时，曾拜访过好几个老政治犯。许月里曾坐过牢，对简吉有着深厚情谊，她总是带着欣慰的眼光，温柔地说："虽然我是一个无神论者，可是，我想你爸爸在天上一定会保佑你。他的一生啊，为了台湾农民奋斗；他的一生啊，为台湾做了许多好事……"

（关于简吉的故事，曾撰文刊载于二〇〇八年《中国时报·人间副刊》。此次修订增补，几成新文。欲了解更多内容，参见《简吉：台湾农民运动史诗》一书）

台湾农民组合大事记

一九二四年

二林庄争议糖价。

台中州彰化郡成立"甘蔗耕作组合"以提高农民地位。

二林设立农村讲座。

~ ~ ~

台湾文化协会首届夏季学校(雾峰林家)。

改换台湾糖业政策的急务应使会社和蔗农有调和关系(《台湾民报》)。

国民党"一大"在广州召开,毛泽东当选为候补中央执行委员。

英国工党首度获得执政权。

一九二五年

二林蔗农组合于六月二十八日成立,李应章任组合长。

二林蔗农组合于十月制止制糖会社强行收割甘蔗,发生冲突,即"二林事件",李应章等重要干部被捕。

凤山农民组合成立，简吉任组合长。

~ ~ ~

台湾第一个妇女团体彰化共励会成立。

台湾"治安维持法"公布，五月十二日开始实施。

《台湾》杂志社改称台湾民报社。

蔗农运甘蔗过磅，被会社诈磅（《台湾民报》载）。

孙中山去世。

第一次国共合作，毛泽东成为国民党机关刊物《政治周报》主编。第五届农民运动讲习所开办，毛泽东为讲师。

一九二六年

各地组合干部会议于二月二十八日通过简吉、黄石顺设立"台湾农民组合"的提案。

大甲农民组合成立，赵港任组合长。

曾文农民组合成立，张行任组合长。

六月二十八日，举行台湾农民组合创立大会，简吉任中央委员长。

日本劳动农民党干部麻生久来台为"二林事件"辩护。

凤山农民组合举办演讲会，简吉、黄石顺等被日警拘捕，即"凤山事件"。

~ ~ ~

许碧珊推动成立台湾诸罗妇女协进会。

连温卿、王敏川、蒋渭水等举办"台湾文化讲座"。

"台湾黑色青年联盟"成立，称为"台湾无产青年会"，宣扬无政府主义。

国民党"二大"，毛泽东再次当选为候补中央执行委员，并被选进农民部。

蒋介石突然借故逮捕共产党员（含周恩来）。

毛泽东成为第六届广州农民运动讲习所的负责人。

一九二七年

简吉、赵港赴日，向日本帝国议会请愿，反对日本退职官员承购农民土地。

简吉、赵港出席日本农民组合第六届总会。

日本劳农党干部布施辰治来台担任"二林事件"辩护人，并巡回演讲。

日本劳动农民党干部古屋贞雄律师来台声援台湾农民组合并巡回演讲，后定居台中。

七月，简吉发表《大同团结而奋斗！》于《台湾民报》。

九月，凤山农民七百名聚集凤山郡役所抗议，保释简吉、黄石顺等人。

中坜地区农民抗议行动，称为"第一次中坜事件"。

十二月四日，台湾农民组合第一次全岛大会在台中乐舞台召开，两千多人参加。

~ ~ ~

连温卿、王敏川结合无产青年会取得"文化协会"领导权，称为"新文化协会"。文协正式分裂。

文协旧干部组"台湾民党"。

台湾民众党（即台湾民党）在台中举办创党大会。

《台湾民报》正式在台发行。

新文化协会在台中市召开第一届全岛代表大会。

国共合作破裂，毛泽东在武昌创办中央农民运动讲习所，后在井冈山创立第一个农村革命根据地。

中国国民党在上海展开"清共"运动。

二十世纪二十年代的台湾农村,农民赤脚站在空无一物的晒谷场前。屏东支部去访视农民家庭。右一穿白衫者为陈昆仑,他一路追随简吉,是简吉的亲密战友

台湾农民组合第二届全岛大会(一九二八年)

八月，中国共产党在南昌发动武装行动，为"南昌起义"。

九月，毛泽东在湖南发动秋收农民武装起义。

七月，日本首相田中义一提出侵华纲领《田中奏折》。

一九二八年

二月八日，农组举行中央委员会，选任各部负责人。

二月，农组台中州支部联合会成立。

三月，农组新竹州支部联合会成立。

八月，农组高雄州支部联合会成立。

八月，农组中坜支部在新坡派出所发生冲突，为"第二次中坜事件"。

九月，农组台东支部成立。

第一次中坜事件判决，三十三人被判刑。

十二月，农组举办第二次全岛大会，在台中市初音町开会，推举简吉为书记长。

农组组合员超过两万四千人。

~ ~ ~

新文化协会机关报《大众时报》在台中创立。

林木顺、谢雪红等人于上海成立"台湾共产党"（日本共产党台湾民族支部）。

《大众时报》在东京发行。

台北广播电台正式开播。

毛泽东和朱德领导的起义部队会师，成立红军，毛泽东任党代表。

日本检肃日共，为"三一五事件"。

一九二九年

农组遭全面镇压,被检肃者包括简吉共五十九人,史称"二一二事件"。

八月,"二一二事件"初判,以"违反出版规则及治安维持法"为由,判简吉监禁四个月,侯朝宗等十人两个月。

第二次中坜事件判决,赵港等二十二人判刑。

十二月,"二一二事件"再判简吉等人入台北监狱服刑,简吉处刑一年,为刑期最重者。

~ ~ ~

东京帝国大学教授矢内原忠雄著作《帝国主义下的台湾》在日出版,台湾禁止发售。

《古田决议》发表,毛泽东主张以党领军。

日本检肃日共,为"四一六事件"。

纽约股市暴跌,世界陷入经济大恐慌。

一九三〇年

农组定二月十二日为"农民组合弹压纪念日"。

农组台南州支部联合会由陈结领导发起户税实物缴付运动,动员千余名组员包围各庄公所示威。

十二月二十四日,简吉自台中看守所出狱。

~ ~ ~

"台湾地方自治联盟"创立。

十月二十七日,"雾社事件"爆发,莫那鲁道、塔达欧诺干率领武装抗日,当地少数民族死亡六百多人(南投县仁爱乡庐山温泉区)。

新文化协会机关报《新台湾大众时报》创刊。

国民党政府开始"剿共"。

毛泽东主张以农村包围城市的战略。

一九三一年

一月,农组在竹崎召开中央委员会,决定六月召开全岛第三次大会,推简吉为大会干部总指挥。

三月,总督府对台共发动第二次大检肃,赵港、陈德兴入狱。

五月,简吉、陈昆仑组"赤色救援会"。

六月,全面检肃台湾共产党,谢雪红、王万得、潘钦信及多位农组干部被捕。

十一月,"赤色救援会"遭检肃,简吉被判入狱十年,农民组合蛰伏。

~ ~ ~

二月,台湾民众党遭勒令解散。

八月,蒋渭水去世。

九月,日军袭击沈阳,史称"九一八事件"。

十一月,毛泽东在江西瑞金建立中华苏维埃共和国临时政府并担任主席。

一个台湾人的抗日之路：
李友邦的故事

一九五二年四月二十二日凌晨，在中国国民党台湾省党部副主委任内被逮捕的台籍人士李友邦，被放在担架上，从三军总医院抬了出来，押赴刑场。黎明曙光尚未来临的黑暗中，子弹穿过他的心脏，枪决执行结束。死刑的布告贴在次日的台北车站。但是没有人知道他被枪决的原因，谜团继续在白色五十年代的上空飘浮，即使四十年已过去，历史渐渐呈露，但李友邦死因依旧成谜。

为什么枪决李友邦？

公开的名义是"李友邦叛乱案"，但没有同案的共犯或是牵连的手下。大部分的人不相信"叛乱案"能够成立，因为：李友邦是当时台籍人士中拥有中将军阶的黄埔二期毕业生，多少黄埔一期、二期来台高级将领与他是交往密切的同学。袁守谦就是其中之一。他如叛乱，还有多少人能幸免？

李友邦时任国民党台湾省党部副主委，身兼《台湾新生报》董事长、"中国旅行社"董事长及台湾电影公司董事长。他也并非争权夺利之人，陈诚任省政府主席时，几度找人请李友邦出任"主委"，并保证"你做事，我负责"，李才答应出任"副主委"一职，"主委"仍由陈诚兼任。但是就在"副主委"任内出事，谁相信？

对于李友邦的死因，有各种揣测和解释，最普遍的说法是：由于陈诚势力正在发展，而李友邦具有台籍身份，与台湾抗日志士、文化界、政界相熟，声望高，才成为"政治斗争"的牺牲品。流传的说法是：陈诚曾为了李友邦叛乱案一事向蒋介石说情，反被痛骂了一顿。陈诚也毫无办法。

还有一种说法：李友邦从黄埔开始就倾向于国民党内左派，即认同以廖仲恺为主的扶助农工路线，是以李友邦在台湾的人脉关系与思想路线将形成对蒋氏政权的威胁，才会遭到枪决。

还有一说是受到他的妻子严秀峰的牵连。严秀峰以"匪谍"罪嫌比李友邦早一年被逮捕，由于蒋介石认为：丈夫加入地下党活动，妻子可能不知情；但妻子加入地下党活动而丈夫不知情者，是不可能的；是以逮捕李友邦，处以极刑。

然而，真相如雾。

甚至连他的死亡也有两种说法：死一次，或者死两次。死一次是认为李友邦被逮捕时身患高血压病，不耐刑求与侦讯，病情进入昏迷状态，侦讯的宪兵司令部与保安司令部请示上级后，以"立即枪决"执行。死两次的说法则认为李友邦的身体早已死亡，枪决只是形式上对外、对家属的交代，因而是死亡后再执行另一次死亡，以至于他的尸体缠着许多绷带。

李友邦，一个被遗忘的名字，却是经历最完整、参与最多历史重大事件的台湾人。日据时期，他参加筹组文化协会，袭击日本的新起派出所，逃往大陆，躲过通缉与狱吏的刑求，在黄埔军校听孙中山的演讲时竟打瞌睡，而后又向孙中山畅谈台湾革命理念，在孙中山支持下成立"台湾独立革命党"，在廖仲恺的家中学国语，与已逝的廖承志曾是青年时期好友。抗战时，组织"台湾义勇队"在大陆抗日，隶属国民政府军委会政治部；抗战胜利后他返台，任"三民主义青年团"台湾区团部主任，却因"二二八事件"许多青年团成员涉入而被逮捕押赴南京，最后被蒋经国释放。然而，在二十世纪五十年代的白色恐怖中，他终究无法逃过劫难。

像一页页的近代史在李友邦的生命历程中显影一样，没有一个台籍的政治人物这么深地卷入到台湾史，乃至中国近代史之中，从文化协会到被国民党右派暗杀的廖仲恺之死，及至"联俄联共"政策的结束、国民党的分裂，乃至于抗战、台湾接收，李友邦都身处其中。

然而，这么重要的一个名字，却因为他死于五十年代的白色恐怖而被尘封了四十年，三民主义青年团鲜少谈起这么重要的领导人，因为他是"叛乱犯"，而台湾义勇队的队员也只能在心中默默想念这个曾带领他们抗日的将军。然而，对台湾人，对国共两党，甚至对中国近代史而言，李友邦却是一个无法尘封的名字，不能遗忘的名字。

一　袭击日警派出所的青年

台北县芦洲日据时期被称为"和尚洲"。现在已列入三级古迹的"芦洲李宅"即是李友邦的出生地。在日据时期，李家已是素孚众望的地方望族。

李友邦，原名李肇基，一九〇六年四月十日生。七岁入小学后，他遭到每个殖民地孩子必然遭遇的心路历程：由教育歧视而"反日"。

有一天，他与日本孩童戏谑吵嘴，被对方骂为"清国奴"，他大怒道："如果这时是在中国，你跟我就不是这样！"这时一个日籍教师从旁边经过，立刻走过来，不由分说朝李友邦脸颊上掴了个大巴掌，喝令道："住嘴，以后不许再这样说！"

奇耻大辱般的这个巴掌，永远烙印在李友邦的心上，直至近四十岁时，他还在《台湾革命运动》一书中提及这段童年记忆。日台儿童之间其实只是秉承成人世界的统治与被统治、压迫与反抗的关系，做出最为直接而幼稚的反映。成年的台人眷念唐山，而日人却要将台湾殖民化，禁止提及唐山；禁忌遂演变为秘密般珍藏的深情，深情在家人中表达，影响所及就成了儿童直接的歧视与敌对。"这是我所以终身从事台湾革命事业的一个细因，今日回忆，往事历历，犹在目前……"李友邦如是写着。

十四岁的李友邦以优异的成绩进入台北师范就读，这是走向平顺人生道路的基础，如果好好读书毕业，他会成为一个佩长剑、戴着大盘帽的教师，地位相当于文官，是备受尊敬的人。然而，反日的思想在年轻心灵中郁积，终而演变为非行动就不能找到出口的苦闷。他加入校内学生的秘密反日小团体，暗中散发传单。十七岁时，台湾文化协会宣告成立，李友邦随即加入。是时，李家的"浮水莲花"大宅院即成为台湾文协召开演讲及开会的场所。

李宅古厝建于约一八九五年，也就是《马关条约》签订、台湾被割让的那一年，土地面积近四千平方米，是最佳的演讲聚会场。文化协会在李宅召开演讲会时，日本警探就站在门外监视，

李友邦。他跟随过孙中山、廖仲恺参与革命,黄埔二期毕业,筹组"台湾义勇队"参加抗日,是一九四五年台湾光复后军队官阶最高的台籍人士。他的死因,至今成谜,他与国共两党的复杂关系尚未解开;他的生命曲折离奇,迷雾重重,仿佛是台湾历史的写照遇到演讲内容批评到殖民地政策,讽刺日本政府,即举牌警告,或者予以中止。但文化协会采取接力方式,换另一人上台,继续陈述相近的内容。如果再中止,就再换人继续,直到被喊停为止。

这一段时期,文化协会的重要干部蒋渭水、王敏川、赖和、连温卿时常往来其中。

然而,文化活动与启蒙的演讲,似乎无法满足热血青年李友邦的必欲行动而后快的意志。

一九二二年,十八岁的李友邦和胞弟李成基与几名激进学生筹划,趁夜去袭击海山郡新起派出所(今台北市延平北路一带),由于破坏不大,事情并未闹大,人未被查获。

一九二四年,李友邦又伙同后来的台共创始人林木顺、林添进再次夜袭派出所,由于行动太大胆,与警察发生正面冲突,双方互有受伤。事件爆发,轰动全台湾。

派出所遂通知台北师范,学校查明李友邦参与其事,立即勒令其退学,并通知警方前来逮捕。所幸,其他同学事先通知,李友邦连夜翻墙逃走。他不敢回家寻求协助,幸而得到一个同学父亲资助一百元后,与林木顺、谢雪红三个人一齐逃到高雄,并在高雄搭上渡轮,亡命出走。

二 黄埔二期的台湾人

李友邦等三人亡命偷渡的第一站是上海。三个只能讲日语、闽南语的人如何在上海生存呢?李友邦的妻子严秀峰追忆说:李友邦曾提及,因为不会讲上海话,为了买菜得比手画脚沟通,要买鱼的话还得画图，活鱼在鱼下面画一些水，咸鱼则画上一些盐，带着图画去买菜，如此凑合着过日子。

语言的多样与复杂所带来的沟通困难，恐怕是他们三人与大多数台湾人将大陆视为革命摇篮时，始料未及的吧！

因着信仰孙中山的"三民主义"政策，李友邦与林木顺、谢雪红分道扬镳，独自南下广州，成为黄埔军校第二期的学生。林木顺与谢雪红则受社会主义思想的影响，赴苏联读书，成为苏共训练下的共产国际一员，之后回台创立台湾共产党。

离开台湾才几个月的李友邦入黄埔军校后，语言依旧是难题，但这次不再是吴侬软语，而是听不懂粤语和国语，听课有障碍。有一次，孙中山到黄埔军校演讲，党的领导人莅校是何等严肃重大之事，黄埔校长蒋介石率领全校师生一起聆听。可是半途中，李友邦却打起瞌睡来。军校值星教官赶紧前去他座位处捏其大腿，惊醒中，李友邦的举止已被孙中山发现。

事后，孙中山把他叫到面前教训，但李依旧一脸茫然神色，浑然不知惭愧。值星教官赶紧趋前道："这是从台湾来就学的革命青年，就学不久，您说的粤语和国语他听不懂，只会日语和闽南语。"这时熟悉日语的孙中山才改以日语与他交谈，双方沟通无碍。鉴于李友邦的语言问题和革命热情，孙中山要他每周一次到当时"联俄联共"政策的主要执行者廖仲恺家中习国语。终其一生，李友邦都带着广东口音，一如今天的香港普通话那样。

廖仲恺与黄埔二期是李友邦生命的转折点。

廖仲恺，留日，孙中山的坚定支持者，"联俄联共"政策即为廖奉孙中山之命赴日与苏联代表越飞会谈合作事宜，主持国民党改组事务。他支持孙中山晚年的"联俄、联共、扶助农工"三大政策，被视为国民党左派。

一九二四年李友邦入黄埔时，廖身兼十三要职，包括工人部长、农民部长、黄埔军校党代表。但孙中山逝世后，廖却被刺客所暗杀。刺客主谋据传为胡汉民之弟，但史家认为是右派的行动。蒋介石即在廖死后崛起，成为最主要领导人，而国民党内左右分裂已因孙、廖之去世而明显恶化，至一九二七年终有"四一二事件"。

"联俄联共"时期的国民党黄埔军校也包括了左右两种势力，蒋介石任校长，周恩来、叶剑英、林祖涵等中共党人皆在黄埔，而廖仲恺又是国民党左派的总代表。台湾人李友邦，身怀抗日的愿望，又正值全世界殖民地自决风潮的时刻，出没在廖仲恺的家中学习语言，自然而然与廖承志、何香凝等熟识。这是否会造成他思想的转变呢？换言之，李友邦是否因这段时间的理论与思想训练，而转向社会主义，已难以追溯。但证诸后来他写作的书中，屡有"扶助农工""农工为台湾反抗帝国主义革命力量"的观点，则廖仲恺的影响已不言而喻。

孙中山的一次演讲，一次语言不通的障碍，决定了李友邦一生的方向。那一年，李友邦才二十二岁。黄埔毕业后，李友邦加入北伐行列，其间并经孙中山派遣，秘密携带巨款北上而立过功。

三　积极抗日

一九二六年，台籍人士李友邦在国民党的支持下，首次成立

"台湾独立革命党"。依当时之情势,寄希望于祖国之拯救的李友邦,在目睹中国之军阀割据与内战,了解中国实际情况后,开始谋求"独立自决"之路。因为祖国大陆既暂无统一力量,去打败日本,要回台湾,则台湾唯有在独立自决后,才有可能重回祖国。这与今日的"台湾独立"有着时势与理论本质的差别。

黄埔二期毕业后,李友邦被派主持国民党两广地区工作委员会所领导的"台湾地区工委会"。为此,他于一九二六年返台,募集在大陆的抗日基金,并与当时逐渐走向激进的"文化协会"时相往来,蒋渭水、王敏川、连温卿都是他联系的朋友。

然而,李友邦仍因在台袭警事件,以及参加"广东台湾学生联合会"及"广东台湾革命青年团"而被通缉。他又以就读早稻田大学为名义,赴日本联络台籍抗日青年。但是,以读书为名、行抗日之实的行动策略旋即被日本官方发觉,他只得再度潜返上海。

一九二七年"四一二事件"后的国民党几乎将党内左翼势力清除一空,环绕在廖仲恺身边的人岌岌可危。李友邦当然也不例外,其处境只能用"险恶"来形容。台籍人士而卷入风云诡谲的国民党内斗风暴中,李友邦或许是第一个吧!此时,李友邦只能流离各地,后因黄埔同期同学的介绍,转赴杭州国民革命军某军部工作。

一九二九年,释放后[1]的李友邦转而在杭州"西湖艺专"任教职。一九三二年,李友邦再度被国民政府逮捕。

侦讯单位问他:"西湖艺专学生沈复文与你是什么关系?"李友邦答:"他是给我转台湾家信的人,我的问题与他无关,我做的事我

---

[1] 李友邦因一九二六年广州抗日事件曾被逮捕,后又获不起诉释放。

自己负责。"但侦讯单位不相信，一定要他交代杭州有无共产党领导人，与共产党有没有组织关系，并且对李友邦用了诸种重刑。

重刑在李友邦的肉体上留下了烙印：右小腿被老虎凳折腾致伤，比左小腿细很多，不注意时走路一跛一跛；头颈中有一条神经被打伤，平时与人讲话时，头部常不由自主地摇摆。在李友邦身上，并未查获任何证据加以定罪，只得于一九三五年将其释放。

就在李友邦被关押的时候，一九三二年，李友邦的二弟李友先（原名李成基）因仰慕兄长在大陆抗日，想寻找兄长参加抗日，从基隆私渡转赴厦门，在厦门的亲戚家中寄宿。

日本特务在台湾就已得知这个消息，为了谋杀李友先，特地派当时芦洲蔡姓大流氓绰号"黑翘"者，携枪前往李友先住处。"黑翘"认识李友先，在清晨大家都未醒时，潜入李友先房内。李友先与二友人同住一处，"黑翘"进房间后，以枪押住所有人，说："你们别动，事情与你们无关，别找死！"他直接走到李友先面前连开三枪，直到李友先倒在血泊中，确定死亡后才离去。其嚣张至此。

当时日人派台籍流氓在厦门一带兴风作浪，包娼包赌卖毒品，并为这批台湾浪人提供庇护，以至台湾人在大陆的形象非常不好，被视为日人走狗，而称之为"台湾歹狗"。这样的"台湾歹狗"，竟如此杀害自己的台湾同胞。

在狱中的李友邦也一样不知道，他的另一个弟弟死于日本特务手中。一九三四年，长得清秀白皙的三弟李友烈（原名李丕基）也欲潜赴大陆投奔李友邦，参加抗日行列，不料在基隆港私渡时，于藏身的运煤船中被日本特务逮捕，经严刑拷打，竟被打死在刑讯中。

谁又知道，一九三二至一九三五年，李友邦也在监狱中接受国民党的严刑拷打而致伤呢？芦洲李家这一房三兄弟终于只剩下李友邦了。

一九三六年，有人看见李友邦身着过小而破旧的棉袄，在杭州过着贫困的兼课教书生活，以教授日语维生。李友邦本可投向黄埔同学谋求出路，但他不愿意，宁可这样贫困度日。

李友邦还有什么路可以走呢？

四 崇安的"台湾集中营"

一九三七年，全面抗战开始，第二次国共合作局势形成。作为最早沦陷的省份之一，浙江很快成为抗日组织蓬勃发展的地区，金华、丽水等地集聚着来自上海、杭州的文化界人士与青年学生。浙江省政府主席黄绍竑对抗日运动极为积极，发动并组织了浙江省战时政治工作队，全省七十五个县份大部分都建立战时政工队。为了训练政工队员，黄绍竑在省府所在地永康集训，李友邦便受邀在集训中主讲"日文宣传"一课。

一九三八年十月十日，在大陆的朝鲜人基于反日而成立"朝鲜义勇队"。同属日本殖民地的李友邦目睹此景，有了组织"台湾义勇队"的构想。十二月，李友邦赴桂林，与日本反法西斯作家鹿地亘、朝鲜义勇队的陈阅斌，共同成立"反法西斯大同盟"，李友邦负责大同盟闽浙办事处工作。

一九三八年夏天是李友邦活动的另一转折点，他开始筹组"台湾义勇队"。在国共合作的大情势下，中共浙江省委统战工作委员会委员骆耕模（与李友邦是陆军监狱的难友）派人前往协助。

筹组的第一步是：救援被迫迁徙到闽北崇安垦荒的台胞。

在厦门、福州一带，因不满日人殖民统治而回到祖籍地的台湾人相当多。他们大多是有经济能力的医生、教师、商人，携家带眷，重回唐山。抗战开始后，日本借台湾浪人在福建进行包娼包赌及特务活动，台湾人在福建被视为"歹狗"。然而，福建省政府不敢去逮捕这些有日籍身份的台人，但基于全国抗日情绪高涨，遂逮捕因抗日而返回大陆的台湾人，以"日本特务嫌疑身份"将所有台籍人士逮捕集中。一些与当地人结为夫妻的家庭被迫妻离子散，有些甚至全家男女老少全被逮捕，押解到福建省会福州，然后集体送往闽北荒山峻岭中的小县崇安进行垦荒。

"集中营"是当时年幼的台籍人士迄今的唯一形容。医生、教师、商人、稚子、妇孺被迫从厦门走路到福州（许多老弱妇孺在路上病倒了），旋又被送往闽北崇安。虽然说是"集中营"，但崇安并无居处或规划好的营舍，而是像赶难民一样，集体寄居在破庙里。荒山无食物，省府供应又少，营养不良、饥饿，再加上荒山蚊虫带来的疟疾，半数以上大人病倒，拖着忽冷忽热的病躯在山中垦荒。而不少小孩则衣不蔽体地在草丛间与毒蛇虫蚁为伍，病死、被毒蛇咬死者不在少数。

没有人知道自己的前途，也没有人知道这"特务嫌疑"的集中营生涯何时结束，辛苦挣来的家产早已被没收，来不及变卖就成为人犯。一些难以支撑的老人和妇人干脆半夜爬起来，假装上厕所，偷偷上吊在黑黝黝的角落里。

集中在崇安的三四百名台湾人只能过着这样的日子，生与死变得一样艰困，或者一样容易，毫无差别。李友邦就是在这时来到了崇安。

五十多年以后，当年参加过"台湾少年团"的少年，当时才十一岁的王正南与当时才九岁的高仲明，回忆李友邦站在陈仪为台胞所设的集中营"台民垦殖所"演讲的夜晚时，脸上仍流露着动情的神色。

李友邦一家一家去看，他们所住的孔庙及旁边搭出的寮子，根本无法称其为家，疟疾患者躺在床上，盖着厚重的棉被，全身还在发抖；原本是医生的高级知识分子上山砍柴搬石头垦荒，吃也吃不饱，死也死不了，患着营养不良的各种病症；企图逃走的人被看管的军人抓回来，用扁担打得流血不起；有人在暗夜里用剃刀割断脖子自杀，有人又饿又患疟疾，生不如死……

当夜，李友邦召集他们在广场中，说："你们再住在这里，即使没有饿死也会病死，活不下去啊！与其这样死了，不如起来一齐抗日吧！要死也要战斗而死，不能默默死在这里！"

有人问他："要怎么抗日呢？"

李友邦答说："大人可以扛起枪上前线，用日语去宣传给日本人听，让他们反战。"

"那小孩子怎么办？"有个父亲热血激动地问道。

"小孩子一起来，我们一齐宣传抗战。"李友邦答道。这些小孩都懂日语，可以用自己的经历宣传台湾变成殖民地的可悲经验，大家如果不起来抗战，下场会像台湾一样悲惨。

崇安的台胞立即有七八家全家报了名，其余有些家则因有妇孺老弱，无法参加抗战行动，只能流着眼泪留下。那一年，父亲是医生的小女孩黄莘辞别了父母，九岁的她哭得眼睛都肿了。大人更因分别而流泪，没有人知道未来有没有再见的可能，只能盼望义勇队可以抗日成功，改变他们在崇安的命运。

三十三岁的李友邦看到孩子们的模样也跟着悲伤，却只能安慰道:"你们不要难过,你们都是我的孩子,我会照顾你们。"李友邦的朋友都知道,每一次有人为他介绍女朋友时,他总是拒绝:"我许过愿,台湾没有光复我就不会结婚。"而这时,他只能对小朋友说:"你们就是我的孩子,我不会结婚的,我的孩子就是你们。"

五　台湾义勇队

　　孩子们并不知道,李友邦的处境其实非常艰困。筹组台湾义勇队并非一帆风顺,他不断通过黄埔过去的旧关系,到处请人帮忙,希望国民政府同意立案,在财政上补助。就连到福建崇安去拯救受难台湾人出来加入义勇队,也是通过当时浙江省主席黄绍竑写介绍信,找到当时任福建省政府主席的陈仪协助,才得以办成。陈仪乐得卖这个顺水人情,答应协助,因为这三四百名台胞杀之并无真正特务罪名,放了又与当初逮捕名义不符,进退两难,李友邦的到来,无形中倒是替他找到了一条出路。

　　当时的台湾人,事实上是日本国籍,无论如何抗日,都不免可能被怀疑为日本特务。当时大陆对汉奸走狗之憎恶仇视远远超过对任何人,台湾人的双重身份确实非常不利。李友邦的工作目标因此是双重的,大局而言,参加抗日,转变台湾的殖民地命运;另一方面,也唯有借由参加抗日,才能洗清台湾人的"歹狗"形象。

　　然而,缺乏资源的李友邦仅能依靠招募到的台湾同胞,依其能力,因人设事,开展工作。台湾义勇队招募的台胞大多为医生、文化工作者、教师,优点在精通医术与日语,这就成了台湾义勇队的特质。

台湾义勇队在抗战时期的工作主要有四项：

（一）宣传工作。通过刊物、演讲、对敌政治工作等加入抗日。精通日语的优点，在审问日本战俘、对敌喊话、翻译收集日军情报、收听广播等方面，效果相当显著。李友邦曾强调："瓦解敌军和教化战俘，将是台湾义勇队的主要工作。"而台湾青年在日据下的训练对日人的心态、士兵生活与心理了解较为深入，经过短期军事训练后，即被派赴各抗战部队和各界战地工作团，负责对敌政治宣传。

另一任务则是利用一切机会和场合，宣传台湾作为殖民地的抗日革命历史，中国台湾革命与大陆革命的关系（旨在说明台湾革命之成功可切断日本南进与殖民地剥削基础，促成中国抗日革命之完成），以及台湾革命之当前任务。此种说明与演讲，一改大陆军民对台湾人的片面理解，认清台湾人的民族意识，把日本走狗与台湾民众区别对待，从而使得台湾人的形象逐渐改观。

（二）医疗工作。台湾义勇队中医生人数甚多，有经验的医生有三十八位，所以李友邦把医疗服务视为义勇队的工作重点。加之抗战时期，伤病的军民甚多，医疗人才与器材又匮乏，医疗队遂成为最需要的部分。最初，因器材与物资缺乏，只能组成医疗巡回队，到农村就地免费治病。但需要日增，遂在金华开设第一家台湾医院。台湾医院对贫苦者及军人免费诊疗，免收医药费，其余人药品费亦仅收一般医院的七成，医院病患大增。医生常常从早忙到晚，迄于夜间十一时才吃晚饭。"台湾医生"在浙江成为荣誉与赞赏的代名词。

台湾医院曾发生一件趣事。有一天夜里十一点，医生才出去吃晚饭，医院只剩下不懂医术的院长李友邦看守，偏偏这时来了一个腹痛的急诊病患，虽院方人员告知只剩院长留守，医生不在，他仍不信院长不懂医术，坚持"就是要院长亲自看病"。不懂医术的李友邦只能勉强去探视，并派人去找医生回来。他摸了摸病人的肚子，询问病情，因实在不懂，就在病患肚脐涂上一些薄荷当安慰剂，孰料病患竟说："好多了，好多了！"

"台湾医生"随着台湾医院的医术与口碑不胫而走，为了应付病患之需，随后几年里曾在浙江衢州、兰溪及福建省建阳县，分别设立第二、第三、第四台湾医院。台湾人的形象终于随着医术仁心的传播而转变了。

（三）经济生产工作。战时的破坏与物资短缺使抗战力量相当薄弱，义勇队中不乏懂得现代生产技术的知识分子，所以李友邦派员协助浙江各地县市政府设立樟脑油工厂及药品（如疟疾药水、疟疾药丸、胃药等）厂。尤其樟脑油可用于汽车燃料用，效果不亚于柴油，乃大量设流动工厂生产，以应付战时之需。

（四）台湾少年团。原本不足十岁的一群少年与儿童，是义勇队最感棘手的问题，最大的王正南十一岁，最小的七八岁，教育是少年儿童所必需，但义勇队贫困的条件又绝非能够长期负担，李友邦只能在学业与工作中进行平衡选择。李友邦以培养年轻一代，储备未来干部为原则，组成"台湾少年团"。

台湾少年团的主要课程分为"教育"与"实际"两部分，政治、军事、自然科学、台湾革命史、日文、英文及艺术训练为教育课程，实际课程则有舞蹈、歌唱、绘画、墙报等，训练告一段落即派赴各地参加抗日宣传。

来自殖民地的台湾孩子，是以亲身的家庭经历，自身的受难，故乡的流离失所，来见证日本如何殖民统治台湾。他们弱小的身躯，站在浙江各地的街头，诉说台湾故事，感动了许多民众。他

台湾义勇队中医生人数甚多,李友邦将医疗服务视为义勇队的工作重点。在浙江,"台湾医生"是荣誉与赞赏的代名词

台湾少年团

们的说服力比什么都强。这一支队伍在浙江受到极大的欢迎，被当时的《东南日报》称为是"抗日宣传的有力劲旅"。

台湾孩子也曾经在日本战俘的说服工作中发挥作用。一位名为梅本原一的战俘与少年团深入交谈，讲到自己的孩子在日本也像少年团这么大，他从胸中拿出照片看，竟哭了起来。这个日本木匠被拉来参加天皇圣战，不知所以，却在少年团的说明中，重新认识到这是一场侵略战争，中日的人民与孩子都是受害者，梅本原一竟走到反战的一面来，这是连军队都未曾估计到的效果，因而对台湾少年团相当佩服，写信到义勇队备加称赞。

五十几年以后，每个少年团的成员都已是六十几岁的老人，依旧视李友邦如同父亲。爱唱歌的黄莘虽已六十余岁，忆及李友邦时还像女儿一样说："他最喜欢抱着我坐在膝上，每次有委屈就去向他哭诉，虽然他很忙，待我们却像自己的孩子一样。"

在台湾的每个义勇队成员也一样，怀念李友邦时总要回忆起在崇安挣扎于生死边缘的生活，以及李友邦是如何带着他们走出来，看到这个世界，参与中国的抗战，成为一个有用的人，参与台湾光复，从而改变自己的一生。

六 三民主义青年团

国民政府对台湾义勇队并不是全心全意支持的。由于李友邦的经历与国民党左派渊源太深，台湾义勇队虽宣告成立，但申请公文迟迟未获批准，从一九三八年秋以迄于一九三九年，李友邦几度往返于桂林、重庆，经过多次派人考核，并找黄埔同学帮忙，才算通过立案而拨下经费供义勇队使用。

初成立时，义勇队并无经费，全靠李友邦自掏腰包，穷困时，甚至几个人就着一块豆腐乳吃饭。每日两餐，早餐稀饭，下午干饭。少年团的孩子正在发育，容易饥饿，却难以吃饱，以至有一次队部转移到乡下，在一个水塘里抓到泥鳅、小鱼时，每个孩子都因此兴奋得跳起来。

在水塘里抓到鱼吃不是什么大事，可是五十几年后，每个老孩子都还记得这件事，视为当年最兴奋、最快乐的时刻。"因为我们孩子也可以生产、可以贡献，最重要的是可以加菜，吃上荤菜了！"他们异口同声地说。

由于义勇队的抗日行动获得各界肯定，军委会政治部终于批准成立并拨下经费。而借着医院设立、自己开地种菜等方法，义勇队生存了下来，但它一直没按照薪饷发给少年团薪水，一切开销由队部掌管使用，每人只按月领取零用金，以保持义勇队的发展。

一九四二年夏天，义勇队行军到南平，上级规定李友邦必须在队中成立"三民主义青年团"，他照办，筹组起三青团台湾区团部。而"三民主义青年团"竟成为一九四五年台湾光复的时候，一块安定台湾最重要的招牌。

为了抗日，李友邦认为在大陆的台籍人士应结合起来，捐弃成见，成立共同团体，遂在一九四〇年与谢南光共同组织"台湾革命团体联合会"。当时他明知有一些人是打着台湾革命旗号图谋个人私利名位，但为了联合抗日，还是到各地去结合不同团体的台湾人。义勇队此时遂决定扩充，刘启光从重庆派两名干部来金华，谢南光也从上海调集二十多名干部加入。

谁又知道，曾是台湾抗日同志的刘启光，竟收买两名义勇队员，准备暗杀李友邦，以便取代他的地位。然而两名队员受不了良心苛责，一五一十向李友邦讲出来，并交出刘启光所给予的钢笔手枪。

争权夺利，靠拢国民党内派系，借此抢夺名位权力，这是此时部分台湾人的另一种嘴脸。刘启光曾是台湾农民组合的重要干部，本名侯朝宗，因抗日而赴大陆参加抗战，后来投靠军统一系，光复返台后成为新竹县长，县长任内又逐步拥有华南银行股份，成为财阀，任华南银行董事长。李友邦的妻子严秀峰忆及这段历史时不胜唏嘘，因为刘启光返台时两手空空，还曾找过李友邦协助，但人生际遇如此不同，谁能逆料？

一九四三年的开罗会议是一个决定台湾命运的转折点。开罗会议决定了台湾、澎湖、东北四省必须归还中国，朝鲜独立。自此，台湾的未来已相当明确：如果中国打赢对日抗战，台湾就可以摆脱殖民地的悲哀，不必再受日本人的欺侮。

台湾义勇队知道后，为之士气大振，各界对台湾义勇队的期望也不断升高。

此时，国民政府为了提振台湾义勇队的抗日精神，将台湾义勇队升格为"台湾义勇总队"，李友邦任总队长，官阶由原来的少将升格为中将。此一命令是由第三战区发布的，人事命令下来之后，李友邦更受瞩目，俨然是台湾未来的领导人。

台湾义勇队的士气也跟着提升。

从一九四三年至一九四五年抗战胜利前，台湾义勇队多次参加军事行动。包括：

（一）利用台湾义勇队的日语优势，担任情报工作，到鼓浪屿突击日本海军的军库。

（二）到厦门张贴反日的传单，当时厦门是日本人统治，采取此种行动是虎口拔牙，但其政治作用是给日本人一个心理威胁，让他们知道，中国人随时都可以进出日本人统治的地区，进行反抗；当然也带给当地百姓一个希望。

（三）与国民政府的一个武装师合作，到厦门进行武装突击，给当地日本殖民统治者一个强有力的打击。

除此之外，在抗战结束前夕，美国曾有一个亚洲轰炸的大计划，准备轰炸日本军事基地。台湾义勇队奉命参与，借由语言的能力，做情报刺探，供盟军参考。

台湾义勇队的队伍也因一次次的行动中获得的民间声望而不断壮大。声势最大的时候，不仅在大陆的台湾人纷纷来投奔，连厦门、泉州一带的人都来投靠，人数达七百多人。其中还包括了在敌后工作的地下工作人员。

然而，随着李友邦声势的高涨，各种小报告、中伤、流言、打压也跟着来临。李友邦在台湾义勇队成立的时候，本来就把持一个观念：只要是真心诚意，有助于抗日，不管任何党派，一律欢迎。因此共产党、无党派、国民党，他都来者不拒。

一九四五年八月十五日黄昏，李友邦照例回家吃饭。那一天下着小雨，妻子严秀峰的母亲住院了，只有父亲和他们一起坐在二楼的走廊上，权充在饭厅的桌子上吃饭。

就在此时，楼下传来一阵高声呼叫"投降了""投降了"的声音。只见一个地方报纸的记者，赤着双脚，高举双手，一脸湿淋淋的，不知是雨水还是泪水，跑上楼来，大声直呼道："日本投降了，我们胜利了！"

他们连饭也不吃了，一起上了街。

龙岩的主要街道就这么几条，一时间被人群充满。所有人，无论识与不识，无论男女老少，每一张脸，分不清泪水或雨水，互相拥抱如同亲人。在雨中，他们任由雨水淋过面庞、身体，淋湿身上的每一寸肌肤，像在洗净内心最沉重的压抑，洗净长期流离的悲痛。

过了几天，九月二日，夜里十二点多，美国太平洋舰队司令寇英上将突然来造访。李友邦非常惊讶，赶紧起来接待。一问才知道，太平洋舰队在次日有飞机要飞回台湾，他问李友邦要不要派人随行。

从心理上说，李友邦比谁都更想回家乡。但他还有公务要做。于是他派了副总队长张士德随行，李友邦还特地要他带一面国旗回台湾。

九月三日这一天，太平洋舰队的受降代表抵达了台北松山机场。

随后，在九月四日上午，张士德与太平洋舰队一起，在台北宾馆升起了台湾的第一面中国国旗。

从青年时代袭击日本派出所而开始流亡，李友邦一心一意的梦想，就是"光复台湾"。

二十几年过去了，他日思夜梦的打倒日本帝国主义、光复台湾的愿望终于实现了。现在，他已经身为国民政府的中将，他知道自己的责任更重大了。

他不仅要带着台湾义勇队的六七百人回故乡，处于战后百废待举的台湾，更需要费心筹划未来，让台湾尽快走入新时期的建设。

他热心研究建设方案，到处奔走，期望着一个建设新台湾的起点。

李友邦与妻子严秀峰

七　将军返乡

一九四五年的抗战胜利与台湾光复，标志着台湾的另一开端，权力转换、社会重组正在展开。

李友邦于一九四五年即任"三民主义青年团"台湾区团部主任，进行筹组工作。光复接收后，三民主义青年团几乎网罗了抗日精英、左派、右派的重要台湾籍领导者，以此稳定了台湾光复初期日本统治已然无效、政府的接收又尚未来临前的政局，维护台湾社会的治安与秩序。

相形之下，台湾省党部却是以少数"半山"及大陆人士为主。二者的性质在组成上就不同，以至于一开始，派来台湾接收的陈仪政府即对李友邦心存疑虑，有意加以抵制。

事实上，不仅陈仪在台湾建设、政务推动、组织合作上，处处抵制李友邦，连中统与军统也联合起来，一起抵制他。不仅有些重要的会议不让李友邦参加，有些消息还刻意封锁起来，不让李友邦知道。

抵制李友邦的政治原因，固然与李友邦不属于他们的系统有关，但更重要的是李友邦与三民主义青年团的人，大部分是过去抗日的知识分子，他们站在台湾民众立场，让他们非常不放心。当时各地传出各种贪污腐败的事，三民主义青年团的人向上报告给李友邦。李友邦就立即转达给陈仪，请他赶紧整顿，但陈仪就是不处理，甚至视为李友邦在找麻烦。

有一次，三民主义青年团嘉义分团的一个干部向李友邦报告说，嘉义有走私集团，破坏经济秩序。李友邦把消息转给陈仪处理，陈仪转给柯远芬。不料柯远芬非但不处理，还把消息和报告者的名字透露给走私集团。结果，不出数天，这个报告者就被走私集团叫去威胁。

自此，李友邦与三民主义青年团的人都死了心，他们知道，向上级报告没有用，政府中有人与走私集团勾结，根本无法缉私。

这种集体贪污腐败的现象，让台湾民众深恶痛绝。

光复不久，老百姓就对贪官污吏非常反感，甚至出现"炒猪肝"的妙语。当时，延平北路上有一家"延平阁"酒家，里头有一道名菜叫"炒猪肝"，暗将外省贪官比喻成猪，老百姓们恨不得吃他们的心，啃他们的肝。

此外，在新中华、蓬莱阁等餐厅，一到夜晚，霓虹灯下，排满了成排的轿车，车子的主人是成群的腐败人员，他们都到这里来花天酒地，左拥右抱。老百姓看在眼里，心里有许多的不解，为何在日据时代被禁止的事情，此时全乱了套，其失望可想而知。

更何况，拥有一切权势的国民党干部，还到处抢夺民宅，劫老百姓的财产，常常是条子一贴就全据为己有。当时民间流传着一段话："国民政府于公，有专卖局、贸易公司；于私，假借各种名义征收民间物资据为己有。"民间对国民党怨恨的心态，在"二二八"前夕可说已积累得相当深厚了。

"二二八事件"时，三民主义青年团有许多干部投入其中，甚至加入处理委员会，从而备受注意。陈仪方面就认为党团不能合作，青年团有煽动"二二八"之嫌。三月二日事变发生后，陈仪曾找来李友邦在电台广播讲话，希望借李的影响力平息事变。但李友邦不答应，答称"局面已经到了这个地步，无法以三言两语讲清楚"。至此李友邦已得罪了陈仪。

李友邦在"二二八事件"后，被柯远芬逮捕关押，移送上海，后来靠着严秀峰赴上海面见蒋经国，向他陈述台湾的实际情况，以及李友邦在这个过程中的态度，才将他救出来。但他却命运曲折。

一九四九年，国民政府开始进行反共、清共整肃，年底至次年二月，破获中共台湾省工作委员会以蔡孝乾为首的案件，牵连出台湾共产党员的所有组织。其中，中共台湾省工委张志忠的妻子季澐因与严秀峰认识，在特务的诱使下，打电话给严秀峰，将她约出来见面，终而落实了季澐与严秀峰认识的事实，严秀峰被逮捕。（作为台湾省党部主委李友邦的妻子，严秀峰如何与季澐认识，到底是否为潜伏的一名间谍，其情节曲折复杂，仿佛电视剧《潜伏》的下集，值得另书。）

李友邦虽然暂时未出事，但已受到严密监视，特务在他家附近的巷子口布哨。他在这段日子里，偶尔会煮鸡汤，用保温瓶带去监狱给严秀峰吃。毕竟严秀峰生下第五个孩子才八九个月，发现又怀孕了，偏又小产，下体血流不止。他很担心她的健康。但一切只能听天由命，身不由己。

一九五一年十一月，李友邦带着孩子在北投《新生报》宿舍中居住。十一月十八日早晨，宪兵进入他的家中将他逮捕入狱。至一九五二年四月二十二日枪决，没有人知道他涉及什么案件，犯什么罪。

（原载于一九九二年四月《中时晚报》，修订于二〇一六年四月）

一九四五年,你不能不凝视的一年。因为,这是被压抑五十年之后,台湾唯一的一次充满纯真的梦想、美丽而混乱的青春!

通过台湾当时唯一的报纸《台湾新报》,让我们从市民生活的观点,像看着慢动作的电影那样,重新凝视这巨变的瞬间,那些忧伤与欢欣的容颜。

叁

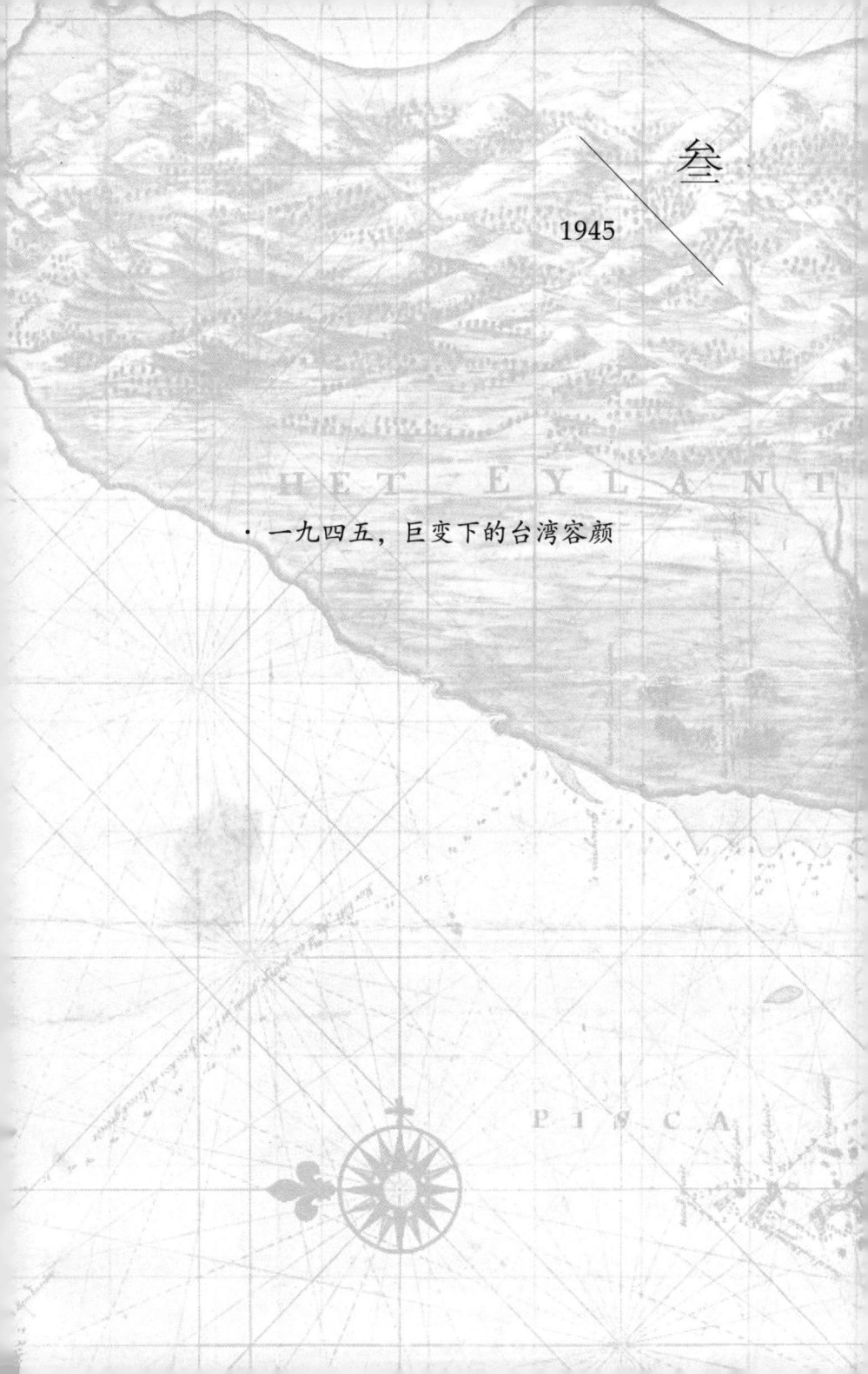

1945

· 一九四五，巨变下的台湾容颜

一九四五，巨变下的台湾容颜

一九四五年，巨变下的台湾，年头是日本征兵，美军大轰炸，年尾是国军来临，开始大接收；年头是乡下躲空袭，黑市找食物，年尾是农村偷杀牛，来年没牛耕。光复时，台湾人梦想出头天，接收后，风云变色无法无天。

这是一段又鲜活又荒谬，又悲哀又壮烈的历史。

一　烧夷弹的春天

一九四五年一月三日，吴新荣在日记上写着："今晨八时，收音机广播全岛空袭。新年早早，就从空中来拜年。躲于防空壕，听炮声隆隆，担心鱼塭与昨日出发去屏东的父亲。看来今年又要生活于空袭之下，吾人非活过这一年不可。"

一月五日，他在日记里写着："前天台湾军司令部通知寿坤弟及格特别干部候补生,明朝须至台北报到,故今晚出发。先回沤汪向叔父打招呼,再回将军向母亲道别。母亲不忍相离,但亦无法安慰母亲。最后向祖先灵位献香,我告训寿坤与国卿两弟:此庭前有三棵相思树,即象征我们三兄弟,只要这三棵树繁茂,吴家便安泰。但在这战乱时期,生死不可卜,最后生存者非守住家业不可……"

即使吴新荣是医生,他的弟弟一样毫无办法地被送上战场。

然而,当年唯一的报纸——《台湾新报》于一月七日刊载着:

荣誉之门勇往直前前奏曲／嘉义市征兵制——
许多文艺活动的开办

【嘉义报导】伴随着征兵制的实施,距离送出第一批现役兵的日子愈来愈接近了。因此,除了透过有关当局的无线电广播所播放的演讲("接受征兵检查的准备与心得"……)及无线电广播剧("入营的前夜"……)之外,十五日开始在征兵检查场的移动展览以及与部队派遣来的特别志愿兵的军中生活对谈等,也开始开办。

昭和二十年一月七日 《台湾新报》

一九四五年,日本发动的太平洋战争已到了末端,日本兵大量死于战场,原本被视为"次等国民"的台湾人只能充当军伕,如今终于和日本人平起平坐,成为正规军人。日本殖民政府拼命宣传它是"荣誉之门"。但台湾人都知道,这是死亡之路。所谓"志愿兵"也不是志愿的,而是警察了解谁家有壮丁,就发了征召信,此时不入伍也不行了。

他们称之为"荣誉之门"的,正是吴新荣一家的生离死别。

到了年中，情势更紧急了。台湾在大轰炸之下，铁道破坏，交通不便，《台湾新报》曾刊载这一则消息：

铁路乘车券非法交易　以"利敌"做出了处罚

本岛唯一的运输动脉局铁，因为使用有限的车辆将所有的力量倾注在军需输送上，所以运送旅客的列车变得相当缺乏。一部分现任车站工作人员，利用列车的缺乏，做车票非法买卖等恶劣行为。有鉴于此，铁路局利用警察当局的协助，来纠正不良风气。如果有目击到车站人员的不正当行为，希望能尽早告知铁路局。今后若有发现不法者，则采取毫不宽恕的揭发方针。阻碍和战力有直接关系的输送力的那些不法车站人员或是不法乘客，都当作是合理的利敌者。赌上皇国的盛衰，要彻底地强力执行肃清动作。

昭和二十年七月十四日　《台湾新报》

战争最后阶段的新闻显得矛盾而有趣。事实上，铁道的缺乏，不只是因为运送军需物资，而是因为轰炸，铁道遭到破坏。此时的台湾怪事丛生，买卖黄牛票只是其中之一。可以买卖的，不只是车票，白米、肉品、蔬菜等，也一样因为被征调上战场而缺乏，黑市兴旺。殖民当局称为"赌上皇国盛衰，也要取缔到底"，不是没有它的道理。

无所畏惧　空袭下的高雄市民

美国敌机在四日又来侵袭台湾本岛，但战争中的港都市民就如同前述一般，非常的冷静沉着，特别是消防团员及义勇报国队员。另一方面，在高雄市近郊的农民们也比平常更为积极地灌溉蔬菜农田等，在空袭下也无所畏惧的农民，将增产姿态发挥到淋漓尽致。

昭和二十年七月十四日 《台湾新报》

这一则新闻，更明确地显示出台湾受到轰炸的严重性。但它强调的是"在空袭下也无所畏惧的农民"，读起来反而让人感到悲哀。

二 谢雪红的夏天

一九四五这一年春天，谢雪红和杨克煌一家人在台中头汴坑乡下，靠种龙眼、香蕉维生，躲避大轰炸。一九三一年入狱前，谢雪红和杨克煌恋爱，私下曾有过婚约。但日本政府的肃共大逮捕使他们双双入狱。不仅是他们，几乎所有农民运动、文化运动的领导者都入狱了。杨克煌关了三年出狱后，因生活与家庭的需要，和黄绣雀结婚，生了三个孩子。谢雪红出狱后，杨克煌仍回头与谢雪红在一起。虽然未结婚，但一起开店做事，形同夫妻。

此时杨克煌把黄绣雀和三个孩子接来一起住，是为了照顾他们的生活，以免遭到轰炸的战火。然而日子过得非常辛苦，龙眼和香蕉的收入无法维生。一九四五年六月，刚好简易保险局在头汴坑开办事处，他去应征职员，终于有了每月三十元的薪水。三十元只够买几斤黑市的米，但有总比没有好。

这一年春天,他们看见一架美军飞机很难得地被打了下来(一般命中率很低),机上跳伞逃难的飞行员跑到台中头汴坑一带的山里。日本军警出动数千人大举搜查,一无所获。但头汴坑的老百姓都知道这个飞行员的行踪。他曾去一户农民家里比手画脚,讨了年糕,又向另一户要了食物。当地的保正、甲长、壮丁都被动员了,却不去协助。十多天之后,这个飞行员才因为煮东西冒烟,被日警用望远镜看见,终于抓获。

然而,美军飞机也来散发传单,上面写了《开罗宣言》的消息,人们不认识丘吉尔、罗斯福是谁,却知道日本一战败,台湾就要归还中国了。而且飞机撒下的纸张,质地竟比一般画报都好,日本的败亡只是时间长短而已。

帝国政府"默杀"开罗宣言

美国总统罗斯福、英国首相丘吉尔及蒋介石二十五日在波茨坦发表了共同宣言。对于要日本投降的条件如下所示:

一、欺骗及错误领导日本人民使其妄欲征服世界者之威权及势力,必须永久剔除。盖吾人坚持非将负责之穷兵黩武主义驱出世界,则和平安全及正义之新秩序势不可能。

二、直至如此之新秩序成立时,及直至日本制造战争之力量业已毁灭,有确定可信之证据时,日本领土经盟国之指定,必须占领,俾吾人在此陈述之基本目的得以完成。

三、开罗宣言之条件必将实施,而日本之主权必将限于本州、北海道、九州、四国及吾人所决定其他小岛之内。

四、日本军队在完全解除武装以后,将被允许返其家乡,得有和平及生产生活之机会。

五、吾人无意奴役日本民族或消灭其国家，但对于战罪人犯，包括虐待吾人俘虏在内，将处以法律之裁判，日本政府必将阻止日本人民民主趋势之复兴及增强之所有障碍予以消除，言论、宗教及思想自由以及对于基本人权之重视必须成立。

六、日本将被允许维持其经济所必须及可以偿付货物赔款之工业，但可以使其获得原料，以别于统制原料，日本最后参加国际贸易关系当可准许。

七、上述目的达到及依据日本人民自由表示之意志成立一倾向和平及负责之政府后，同盟国占领军队当撤退。

八、吾人通告日本政府立即宣布所有日本武装部队无条件投降，并以此种行动诚意实行予以适当之各项保证，除此一途，日本即将迅速完全毁灭。

昭和二十年七月二十六日 《台湾新报》

这一则消息，是非常重要的。台湾老百姓或许不是太明白，但日本势力被限定于"本州、北海道、九州、四国及吾人所决定其他小岛之内"，却是非常明确的。当然，在这消息的旁边，有一则消息是说，美国只是找人一起背书，这显示了美国"对战争的焦虑"，所以帝国政府决定"默杀"。"默杀"意即用沉默杀死它，不理会的意思。

三 非人间的杀人行为

到了八月，当原子弹投入广岛的时候，台湾民众还不知道发生了什么事。人们只看见短短的几行消息：

责任内的谷物量交粮完成者，剩余的米可以自由处置，从二期作开始实施

　　因为"政府"农务当局期望谷物能紧急增产，以及交公粮的措施能彻底实施，所以五日决定了"谷物的生产及交粮确保政策"的紧急措施，同日由农商局发表实施。这样的奖励，可以增加农民的生产意愿。

　　当局表示，因为食粮的增产是"胜利"的基础，所以全部的农民都要一起克服障碍，为这场生产战挺身而出。

昭和二十年八月六日 《台湾新报》

　　这是震惊世界的一天。这个世界第一次认识到有一种武器，名叫原子弹，可以在瞬间摧毁一个城市。这个城市，名叫广岛。然而，这一天的台湾报纸还不知道，只有简单的消息：东京与关东被轰炸，增加击退敌人的力量，以及上面这一则关于米粮的消息。其实这对台湾农民来说，已经不是什么新鲜事，因为米粮管制，大家吃不到米，只有有钱人在黑市买一点。但战争后期，有钱也没用，连米都买不到了。这个政策旨在鼓励农民增产，却等于从反面显示出农民的米粮被征收，已经失去了生产意愿。

李鎋公殿下战死在广岛

　　陆军中佐李鎋公殿下，过去曾任军事参谋之职，在广岛执行击灭敌军的重要任务。六日在敌军残忍且非人道的空袭下战伤,隔天七日死亡。

昭和二十年八月九日 《台湾新报》

对八月六日广岛原子弹轰炸,日本政府的震惊恐怕大过于认知。八月八日的新闻,终于刊登"敌人以暴虐无道的手段,轰炸中小城市,造成平民、妇人,甚至孩童的大量死亡"。这是"非人间的杀人行为,文化破坏的行为"。当时报纸公布的死亡统计,有九百六十四名,男性四百四十名,女性五百二十四名。其中,十二岁以下的孩童有两百三十四名。

然而就在宣布中佐之死的同一天,美军对长崎的轰炸又来临了。这是最后的致命一击。对讲实力的日本军政府来说,这是一个力量强弱对比的关键。他们知道这种"新型炸弹"是日本远远比不上的。但日本军政府还在做最后的挣扎。他们试图克服恐惧,发布了这样的消息:

壕沟特别有效　绝对不可裸体——新型炸弹的对应处置

敌人在过于焦虑的情况下,使用了非人道且极度残虐的新型炸弹。但是只要有了正确的因应措施,这就不是一件可怕的事。

1. 绝对不可以裸体。
2. 热风即使透过玻璃也会有很强力的影响,可能会因为玻璃的碎片而受伤。因此,窗户玻璃最好能贴上一层厚的纸或是板子。
3. 敌机多在黄昏时候攻击,因此要特别注意。
4. 因为奇袭攻击的伤害很大,还有炸弹威力发挥的时间

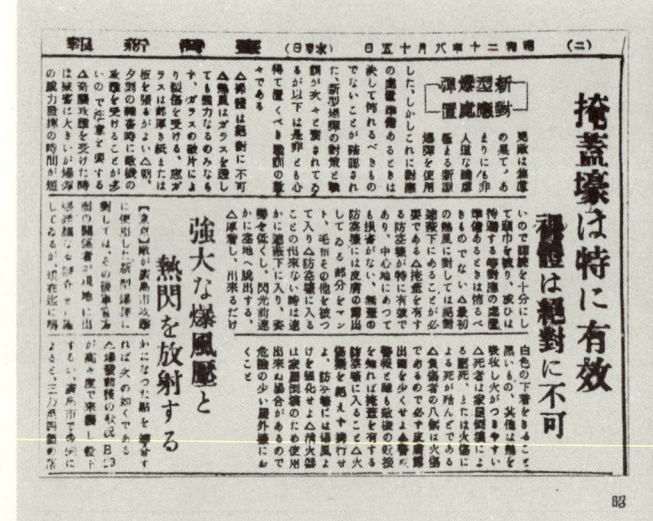

《台湾新报》（1945年8月15日）

也很短，所以要有充分的练习，要披上头巾，只要有像是躲避等的充足对应处置，就不是一件值得害怕的事。

5．关于最初爆炸时的热风，一定要找个能遮蔽的地方躲避。

6．有遮蔽盖子的防空洞是特别有效的，即使是在中心地带也是没有损害的。如果是在没有盖子的防空洞里，则记得要在露在外面的皮肤上盖上斗篷或是毛巾。

7．如果无法立即躲入防空洞，则找个能躲避的地方将身体放低并尽快脱离空旷地区。

8．穿着厚的服装，尽可能穿着白色的内衣。因为黑色或其他颜色的衣服容易吸收热而着火。

9．多数的死者都是被倒塌的房屋压死或是被火烧死的。

10．八成的受伤者都是因为被火烧伤，因此一定要记住尽可能地减少皮肤的外露。

11．虽然有空袭警报，但如果能尽早知道敌机接近就能尽快地进入有遮蔽盖的防空洞。

12．虽然无法杜绝烧伤，但可以强化防空洞对于爆炸热风的功能。

13．灭火器有时会因为房屋的倒塌而无法使用，因此要将它放置在较不危险的屋外。

昭和二十年八月十五日 《台湾新报》

这是一则让人看了想哭的新闻。

天可怜见，这一天是一九四五年八月十五日，那是日本在历经了八月六日与九日，广岛和长崎的原子弹大轰炸之后，所得到的结论。

那可能真的是无知。真的，对原子弹，对辐射，对后来具有毁灭地球数百次力量的核子弹，当时的知识实在太少了。那时候全日本没有人知道它的名字叫"原子弹"。原子弹会造成什么后果，炸弹引爆之后会有什么效应，辐射、热波、烧灼、燃烧、死亡、病变、细胞变异……这一切的一切，根本没有人知道。连轰炸它的美国自己都不知道。

日本政府仍以刚强的意志力，想克服恐惧，想说服民众，继续支撑下去。所以这个宣传的新闻里写着："敌人在过于焦虑的情况下，使用了非人道且极度残虐的新型炸弹。但是只要有了正确的因应措施，就不是一件可怕的事。"

因为现在我们已经知道这是无用的，更加为当时面临死亡，却一无所知的所有人民，所有不知为什么原因，而死于辐射、热风、辐射尘等的牺牲者，感到深深的悲悯。

然而，就在这一天中午，天皇开始广播，日本宣告无条件投降了。但在此之前，所有人都不知道日本天皇会投降，应对"新型炸弹"的对策，依旧在一知半解甚至全然无知的情况下，被拟出来了。

这是一则让人深深悲悯、深深戒惧的新闻，对战争，也对人类的勇敢和无知。我们再看下一则新闻，就更能够了解当时的情境。

放射出强大的暴风压及热闪

关于敌人在攻击广岛时所使用的新型炸弹，虽然军方关系人在之后有到现场去做详细的调查，但若综合起到目前为

止的结果,大致有以下各点:

一、爆发前后的状况:在高度的侵袭下,以广岛为例,有三个至四个附有降落伞的炸弹被大量地投下,大致在地上四百米到五百米之间爆炸。在数个降落伞群附近发生爆炸的暴风压为垂直压,具有非常强大的威力。

二、热闪:爆炸后虽然会放射出热闪,但它的影响范围大致被推定为八公里左右,好像没有永久持续时间的样子。在发生闪光及暴风压之间,还有一些少许的时间。最显著的特征则是这热闪是具有非常强烈的方向性。没有直接接触到闪光的部分不会被火灼伤。热闪的引火作用大多是全坏或是半毁坏,相较于此,因为闪光是比较缓慢地起作用,所以能做出初期的防火防护。若是钢筋混凝土建成的话,即使是在爆炸点之下也是安全的。防空洞若能强力掩盖的话,即使是直接落下的炸弹也是安全的。而在半地下式的防空洞里,在六公里左右虽然能破坏屋顶,但其他的东西并不会受伤。而石造、炼瓦、木造建筑物的安全度则是比较薄弱。

三、对人类的破坏:以距离来说的话,建筑物被破坏的程度也成正比。比较起来,涂上混凝土或是黑色的东西是比较容易引火的。穿上白色的衣物对于热闪引火状况,也的确是有效的。因为内衣也具有相同的效果,所以如果能在白色衣物下方重复穿上是最好的。举个极端的例子,在白色布料上卷上黑色文字的臂章,只有在文字部分会起火。总之,如果能妥善地拟订出处理新式炸弹的方法,那伤害就有可能控制。在热闪照射下若能即刻将姿势放低,将外露出来的部分遮蔽起来，则可以防止火灼伤。虽然爆风压会造成大型木造屋倒坏，但若是在稍微远离中心点处的地方，在看到亮光闪闪的时候，就远离空地或是躲到有遮蔽物之处的话，就能避开危险；若没有进入防空洞或是无法进入者，同样的，利用遮蔽物也是有所帮助的。

昭和二十年八月十五日 《台湾新报》

这一则新闻放在上一则的旁边。

它真实无比地反映了日本军方对原子弹的最初调查报告。无疑地，这是非常恐怖的死亡报告。因为辐射的危害，除了立即的巨大伤害，其他将是以后才会慢慢显现的。这些军人在现场受到多少伤害，老实说，没有人知道。但我们仍不得不佩服，在最后的关头，他们仍然详细调查，做了初步报告。即使资料不完整，却也是拼了命地想去记录并想找出对应之道。

在轰炸与死亡的现场，那种压力与恐惧，将是任何一个调查者难以言说的伤痛。

不能小看这个报告，因为这是全世界第一次有人为原子弹做了轰炸现场的报导。而这是以数万人的性命为代价的。

四 龙山寺"店"的洪水

日本宣布投降后，台湾归还中国。但中国政府还未来接收，台湾社会是什么样的面貌呢？

刚刚开始，人们几乎不敢相信自己的耳朵，只是悄悄议论着。

后来证实日本投降是真的，欣喜之情悄悄流传。但还不敢太张扬，因为被殖民当局压制，怕到骨子里去了。然而，日本人已经悄悄地变卖东西了。万华的市场里，有日军的用品出售。当时的报纸，称之为"店的洪水"。

在中国政府还未来接收前的时刻，谁来管理台湾？

日本殖民当局有民怨，民间充满报复的情绪，但终究它是殖民台湾五十年的政权，还是有足够威信，也是当时维持台湾治安的唯一力量。台湾总督安藤的谈话，无疑具有重要的意义，也表明了殖民当局的态度。其中有关"特别以居民的轻举妄动为戒，明确说出独立运动或是自治运动等是绝对不可行的"，也显现出总督府显然了解到日本少壮军人有意于"台独"的问题。

这段谈话，也侧面地反映出当时各种尖锐的社会问题。如：治安的混乱，粮食生产可能出问题，出征的台湾兵归来的问题，留在台湾的日本"内地人"的处置，国民义勇队，以及日本人返乡的问题等。

为了万全处理终战后的各问题　召开全岛地方长官会议

伴随着战争的结束，为了要处理本岛现在所面临的各个问题，八日上午九点在总督府会议室举办了全岛地方长官会议。总督府由安藤总督、成田总务长官以下的各局部长，地方由五州知事、三厅长出席，军郡是由宇垣参谋长代理、中津海军参谋长、上砂宪兵队司令官代表出席。大致有以下七点训示：

一、守护"国体"。

二、治安的维持及国民生活的安定。

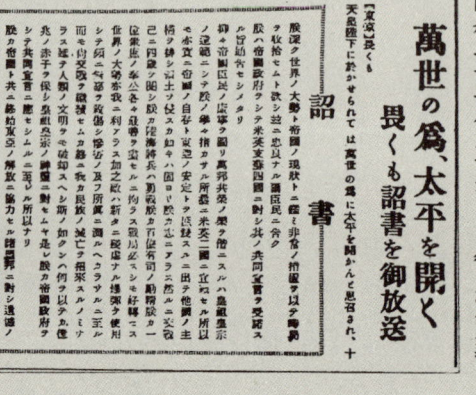

《台湾新报》（1945年8月16日）

三、彻底强化援救事业。

四、战灾的急速修复。

五、在台一般"内地人"的去留。

六、关于岛民的私有财产。

七、关于联合军进驻本岛。

昭和二十年九月九日 《台湾新报》

对台湾总督府来说,作为战败国,日本是没有权利说什么的。坦白说,日本总督府是有可能操纵作乱的,只要煽动一些少壮军人,煽动台湾的资本家,再配合少数地主,要把台湾搞得难以接收,天下大乱,不是没有可能。

但如此一来,台湾人的暴乱与报复,也必将随之而起。日本人能不能平安离开台湾,都大成问题。所以先稳定大局,以期顺利接收,这才是较明智的做法。

陈仪长官谈实行三民主义　让台湾省走向自强康乐

根据中央社的新闻报导,陈仪被任命为台湾省行政长官后,对去采访他的记者发表了以下的谈话:

台湾省的施政方针是遵照着国父遗训,实行三民主义,让台湾同胞从不自由的生活中解脱,得到自强康乐的幸福。被派遣到台湾的行政长官必须抱持着为增进人民的福利及台湾再建的服务精神,绝对不可以有自私自利的心。到目前为止,日本人为了能在台湾达到目的,他们在行政效率上花了非常多的心思。因为我们的目的是为了重建台湾及争取人民的福利,因此,在行政效率及工作效率上都要特别积极且努力去做。

一九四五年，台湾光复

另外，陈氏在南京签字后，虽然针对台湾同胞实施了无线电收音机的播放政策，但在十月初会暂且先到福建省，之后应该就会正式到台湾就任。

昭和二十年九月十九日 《台湾新报》

这是台湾人民期待已久的消息。在历经光复后的大混乱，台湾人民期待安定。从八月十五日到九月十九日，这一个多月的时间里，谁来管理台湾？台湾人过着什么样的生活呢？那些即将离开的日本人又如何了？难道台湾人不会报复？或者他们被统治得怕透了，不敢起来反抗？日本人呢？他们也一样害怕吗？

从陈仪的讲话，尤其是他对台湾行政效率的肯定，我们可以知道他是了解台湾的。

欢迎国民政府岛都准备稳定而顺利地完成

台湾光复的喜悦现在正在全岛各地蔓延着，全岛各地都忙着准备迎接国民政府。在永乐町一丁目的台湾信托会社里所设置的"欢迎国民政府事宜筹备会办事处"，则是积极呼吁全岛各地在接收日当天要举办"庆祝台湾光复及欢迎陈行政长官民众大会"。为了要庆祝台湾光复这历史性的一刻，举办了许多仪式。如：

一、各家各户都要挂上国旗（青天白日满地红旗）。

二、各户都要张灯结彩。

三、在市内的各重要通道上要设置绿门（欢迎门）。

四、演艺大会。

五、艺术队伍。

六、如墙排列般的列队欢迎。

七、青年学生举旗列队欢迎。

　　　　　昭和二十年九月二十二日 《台湾新报》

　　国民党军队还没来接收，台湾人就兴奋成这样。准备得这么早，却不知道国民政府是十月才来接收。不是国民政府不想来接收，而是胜利来得太突然了，谁也没料到。

　　但被日本人统治了五十年的台湾人民啊！欢天喜地，准备了最热烈的队伍，各地都要张灯结彩，所有人都动员起来，市民、学生、演艺队伍、艺术家……连市内的大通道，也要设置欢迎门，要让祖国来的人知道，台湾人是如此快乐，如此欢喜，如此爱国。

　　这一段时间里，台湾人在做什么呢？社会秩序好吗？我们看看下面的报导。

宛如店的洪水

　　一到了夜晚，就好像是被上了色彩般的有着朝气与活力。店与店不断地接续蜿蜒。在万华车站到龙山寺这段路间，这些店就是新台湾的象征吧！

　　牛、猪、鸡、鸭等的肉在店里贩售，高高堆起的肉引起了市民的好奇心。可以想象人们已经褪去了严酷战争的色彩，激烈战争的反动是历史的逆转。高声呼喊的贩卖声及客人的哄笑声，充分反映出了大家从战争生活中解放出的自由。市民的购买力也赶走了烦恼。鲑鱼一斤十六圆好吗？芝麻油四瓶二十八圆可以吗？牛肉一斤十六圆好吗？市民们可以买到他们想要的商品。

在龙山寺的一隅，有露天的赌博场，眼神锐利的男子在掷骰的时候，十圆钞票就在赌桌上看着你来我往。另外，在小学里，有五位男子也从衬衫的口袋里拿出钱混杂着玩。市民总是抱持着必胜必赢的决心，这是因为民族特有的侥幸心理，在战争结束后更是强烈地被反映出来。

在赌场的旁边则是开了一间排列着有古早味的服饰店，三件四百圆。像这样一举跃进的人生就宛如走马灯一样，是不会再重来一次的。另外，还有兵队的鞋、军队用的衣物，这些都是战争后的遗产。新生后的台湾，强而有力的生命力就由龙山寺广场开始燃烧。和平的战争行列就在全台湾一致的步调中持续下去。

昭和二十年九月二十二日 《台湾新报》

在台北州一带取缔赌博

因为刚从困苦的战争生活中解放，加上警备的松弛，因此，在路边赌博的风气就开始盛行。这种利用时局改变的功利行为，不仅丧失了台湾岛民的大国民精神及矜持，还使社会治安变得混乱。而且，这样的行为违反了三民主义的精神，所以希望民间指导阶级的人能做一个指导启蒙者。今后，台北州警察部也会做全面性的取缔。二十六日在各市郡发表了这项重要的消息。

昭和二十年九月二十七日 《台湾新报》

因为没有战争的管制措施，市场开放，各种商品都回来了。

黑市也复原了。

生命太短了，战争死亡太惨烈了，人们需要遗忘，需要刺激，需要呐喊，需要释放压抑五十年的悲哀。人们想快乐一下。被管了五十年，终于解放了，现在先放松一下吧！

露天的赌博，没人管；军队用品，拿来变卖。新的生命，开始了。

这一篇报导，是一九四五年台北龙山寺的素描，也是台湾庶民社会的最佳写真。如果不是这一篇，恐怕没有人知道为什么龙山寺附近，会出现一条军品专卖的街道。原来它是从战后开始的。这一条军品专卖街，从战后卖日本军用品，到五六十年代，卖美军从越战带回来的军用品，那种中古的军用水壶、军皮带、背包、军大衣、皮靴子、小刀、帽子、上衣等等。大约每一个成长于六七十年代的人都无法遗忘那些美军的大衣、水壶、皮带吧。

到了二十世纪八十年代，此处都还有这一条街道。只是后来街道改建，也可能是随着美军离开越南，军用品日渐减少，不知道什么时候，这一条古老的街道就消失了。但这一则报导让我们知道，原来它始于一九四五年。

标榜三民主义　组织台湾学生联盟

关于新台湾的建设，本岛同胞学子应该要组织"台湾学生联盟"。开办各学校代表联络会议、总务会，做好完全的准备，决定了以下的行政纲领。三十日上午九点在台北的"台湾第一剧场"举行学生大会，一直持续到下午，并在市内游行。该盟会网罗全岛中等学校以上的男女学生，发扬民族精神、建设乡土文化、实践国父遗愿，做民众的先锋，展开强力的学生运动。

行动纲领：

一、训练自治精神

1．辅导国军进驻台湾

2．协助维持本岛秩序

3．宣扬三民主义

二、发扬中华文化

1．普及国语运动

2．建设三民主义之新台湾

3．推动新生活运动

4．促进中日合作

昭和二十年九月二十九日 《台湾新报》

一九四五年，刚刚光复一个半月，台湾学生就结成联盟，组织起来，台湾学生运动开始了。

当时的知识分子，对祖国的来临与建设新台湾，充满期待。对三民主义，学生怀着极高的热情。这些纲领，只是表现出学生、青年对未来的梦想。

对台湾的未来，学生更是充满热忱。潘渊静在受访中说道：

那一年整个台大，只有八十五个台湾学生，里面八十个都是医学部的。光复以后，我立刻领头，鼓动了十个人，从医学系转到别的系。因为我觉得，台湾人被日本统治，只知道做医生。可是现在我们回到祖国了，我们要好好建设台湾。

要建设台湾，非得要有各种各样的专业人才不可。

我自己转到土木系。台大土木系从来没有台湾人，我是第一个台湾学生，也是第一名毕业。

光复节是十月二十五日，前一天陈仪坐飞机到台北松山机场。从机场到市区，满满都是人，大家都排队去欢迎他。台大学生还是排在最前面的。庙里面七爷八爷都出来游街、放鞭炮，兴高采烈地庆祝。

五　浮生的容颜

还有一些奇特的广告，也开始出现了。看看吧：

在太平、老松两所学校　指导中国国歌

今天台湾光复会在以下两地举办中国国民党党歌歌唱指导讲习会。

昭和二十年九月三十日　《台湾新报》

中华民国国旗特卖

一、新旗一面

二、改造旗一面

特大型号——250 圆

普通型号——350 圆

昭和二十年九月二十四日　《台湾新报》

庆祝台湾光复　公开招募歌词启事

一、宗旨：庆祝台湾光复

二、歌体：歌词体不拘

三、期间：十月七日截止

四、入选：正赏一名　副赏两名　佳作三名

昭和二十年九月二十七日　《台湾新报》

募集临时翻译（北京话）

志愿者（五十岁以下的男子），请携带履历表，于每天中午前接受报到。

台湾总督府外事部（高等法院西侧三楼）。

昭和二十年九月二十七日　《台湾新报》

庆祝台湾光复　欢迎陈民政长官阁下

第一跳舞场　总经理张开麦

募集舞女数十名、办事员数名（男女不问）

经验有无不问

希望者至急　履历书携带　本人来谈

昭和二十年十月一日　《台湾新报》

以上几则广告，其实反映了光复初期台湾的生活面貌，以及一种集体的情绪。青天白日旗不够了，广告说，你快来买啊，此处有订制。

国语不会讲，快快招募人才，否则法院不能运作了。

不会唱国民党党歌，怎么欢迎呀？快快教唱，才好去码头迎接国民党军队哟!

连舞场招募小姐,都可以和"庆祝台湾光复,欢迎陈民政长官阁下"连在一起。

这是一个旧时代已经结束,新时代还未来临前的时刻。什么都还未定形,什么都还未开始。一切梦想都是可能的,一切理想都是未来的。被压抑五十年的心,期望重新开始。生命力燃烧着,在市场,在街道,在广告的每一个字里。

那是最好的时代,最有希望的时刻。因为,一切都不确定,只有等待,只有梦想。

但仅仅生活在无政府状态下做梦,也是非常可怕的。那是无秩序、无国法、无规范、无保护的社会。所以学生联盟出来呼吁:"同胞不要相残。"因为日本政府既然无法管,报复日本走狗的行动就开始了。

人命攸关,一方面期待国民党军队的到来,另一方面自主地成立学生三民主义青年团、学生联盟等,以维护社会秩序。

立即更正同胞相残的愚昧

昨天三十日上午九点,台湾学生联盟主办的演讲大会在台湾第一剧场开办。为了光复台湾而崛起的年轻学子们陆续地集结起来,将会场挤爆。黄昭明参谋、张士德大佐、林茂生、陈逸松、谢娥等皆出席。国民礼仪的学生代表简宽德上台讲述学生联盟创设的目的及经过;黄参谋叙述祖国八年抗战的经过后,强调学生的责任就是要立即更正同胞相残的愚昧;张大佐将三民主义及孙总理的遗嘱铭记在心,成为学生的典范。而林、陈、谢各氏也同表对台湾光复的喜悦及对祖国的感谢，激励学生要当大众的先锋。演讲最后由简代表作结。在全员起立呼喊口号下，结束了这次的大会。

昭和二十年十月一日 《台湾新报》

这一段时间的"同胞相残"，主要是指对日据时期为日本警察、殖民当局走狗、欺压台湾人的御用者的报复。

这是很难办的事。因为日据时期的御用者，不乏残酷地镇压自己人民。一如鲁迅说的，走狗残忍起来，往往比主子更凶暴。光复初期的报复，屡屡发生，而在缺乏政府管理时，更容易变成无政府状态。学生与社会贤达出面组织，呼吁不能同胞相残，对遏阻失序暴力，是有用的。

但这一则新闻也反映出台湾开始有脱序现象了。

全省民待望之国军　今天将登陆于基隆
诚心诚意　各地欢迎筹备完毕

全省民如大旱之望云霓的国军已于今日将印其第一步于基隆，这是历史上所应当特书而大书的，自八一五那天，我们是如何的怅惘！如何的期待！国军将要来到！祖国军队将登陆于基隆埠头！谁听谁莫不喜欢，谁闻谁莫不雀跃。但我们怎样来欢迎呢？我们须用诚心诚意而已。

于今基隆市民已经完成其欢迎的筹备，国旗党旗到处飞翻，欢迎门到处灿辉。而岛都及各地亦十分完毕国军来之欢迎筹备，料今天基隆埠头欢迎人士，不但本埠市民，必定多数来自岛都，或来自中部、或来自南部的吧！是的，为欢迎我们的国军,我们可尽量参加,但鉴及当今交通的不便,我们须得考虑,我们只派代表,亦可表明我们的诚心。

中华民国三十四年十月十五日 《台湾新报》

此处可以注意的是:报纸改写为"中华民国三十四年十月十五日",同时,报纸还得特别提醒民众,参加者将很多,不要每一个人都想来就来,否则以基隆码头的状况,将难以承受。拜托,只要派代表,有诚心就可以了,不要热心过头。

这就是当年台湾人对国民党军队的态度。

再撒《告台湾同胞书》 满空机影、爆音若雷

在台湾之日本空军,于日前已由我进驻台湾之空军接收飞行器材及其他一切之物资,我在台北、台南之两地区空军司令部,为传此喜讯于台湾省全同胞,于十四日由飞机上向全岛各地散布《告台湾同胞书》之传单,十六日亦同样由我空军再向台省各地散布同样的传单,其传单之内容如左(下):

亲爱的同胞们!现在世界的战争已经结束了!最后的胜利已由我们获得,本军奉了最高统帅委员长蒋的命令,来这里接收日本空军的一切飞机器材和物资,已在很顺利的情况下陆续地接收了,今后这大部分的资源,立即变为我们祖国所有,但是这大部分物资,分储的地方很广大,因此我们很希望亲爱的同胞们,各尽自己的天职,与爱护祖国的热情,随时随地保护这一切的资源,协助我们去完成这一个光荣伟

大的任务。

中国空军　台北台南地区司令部
中华民国三十四年十月十七日　《台湾新报》

这是一则非常奇怪的消息。台湾都已经收复了，等待了两个多月，还没人来接收。直到十月十七日，才宣布日本空军的所有器材与物资已由国民党军队接收。这就算了，还要用飞机在台湾上空散发传单。

真是不可思议的事！起初，我以为这是浪费资源。但后来阅读到谢雪红的书，才看到当时由于没有人来接收，军队缺乏管理，竟有大胆的人，把空军的各种飞机材料，甚至铁板等，拿出来打造成铁锅、铁器出售，完全是一种无政府的状态。但接收人员还未来临，谁也无可奈何。

海空相映·欢声高腾

"国军将登陆基隆"，这一声传布了，举省的台胞无不雀跃喜欢。他们为瞻仰这五十年来未曾见过的祖国的干城，当日天刚一亮了，就三三五五结队成群，齐集到基隆码头，把个广大无比的码头拥挤得几乎无立锥的余地，呈出人山人海的光景。写真（指报上的照片）乃我台胞为欢迎我国军乘小艇出港的中途偶与美国的飞机 P-38 相遇，做交欢的情景。这时由艇中打出来的鼓声和飞机的声音混在一起，呈出空海相映、中美亲欢的美景。

中华民国三十四年十月十七日　《台湾新报》

新闻中有所谓"新闻做过头了",意指编辑自己的心理作用,而把新闻写得太过头。这一篇就是一种典型。但不要怪编辑与记者,他们等待太久了,终于等到国民党的军队来了。那是当时的社会集体心理。

人们开着小船,到港口外迎接,碰到美军的飞机,他们也非常高兴。新闻写着"海空相映",充分显现人们欢欣鼓舞的心情。

六 偷牛杀人案

十月十七日是国民党军队到达台湾的第一天。当天的报纸刊登了大量他们英武抵达的照片与新闻。但在一个角落里,却放着一则小小的新闻:

强盗偷牛杀人　社服队追捕交官

> 桃园郡芦竹庄中兴詹桶,十一日夜半水牛被偷,詹桶立刻赶追,至庭外两百步,反被盗人杀死,三民主义青年团社会服务队桃园大队接到情报,马上召集团员追赶调查,知强盗是在桃园街中路柯士之处结党,该团员严究其不法行为,将柯士与其长男以下七名捕出交予警察课。
>
> 中华民国三十四年十月十七日 《台湾新报》

夹在迎接军队的新闻中的这一则消息,它更准确地反映了台湾社会的状态。即民间有无政府状态的结伙强盗,被三民主义青年团的人逮捕,送警方处理。这显示出三民主义青年团在国民政府来台接收之前,对安定社会、维持治安、维护民间秩序的作用非常之大，能力也非常强，才能在最短时间内，把强盗抓到。但这也反映出无政府状态的困境了。

步武堂堂意气冲天　国军昨日抵台　百战不磨一骑当千
精强无比镇守南边　欢迎之万众感激欣然

【在基隆黄式鸿本社特派员发】台湾省警备司令部台湾驻防第七十军军长陈中将孔达偕同柯参谋长远芬以下警备司令部及行政长官公署官员数十人暨盟军联络官何礼上校外官兵八十余人率领将兵，两帅分乘美输送船四十余只，已于十七日上午十一时三十分安抵基隆，即时于船上接见前进指挥所范副主任诵尧以下前往欢迎官员及记者团，并向欢迎民众致抵台第一声欢词（另载），闻陈军长因长途跋涉颇觉疲劳，拟于基隆略事休息，待明天（十八日）方莅台北云。

基隆市民闻国军将到，举市欢腾，沿道扶老携幼，不期而会者，无虑数万人。彩楼上，青天白日迎风招展，与两旁对联"赖尔元戎恢复党国，存吾浩气收复河山"互相辉映，克尽表现台胞心理，十一时三十分，国军输送船四十余艘，舳舻相接，陆续靠岸，同时便有盟军飞机从上空编队掩护，音隆隆天地为之振动，十二时三十分，陈军长从船桥上，现其英姿，向群众招呼致词，全场感奋踊跃，欢呼鼓舞，实为五十年来所未曾见之盛事，词后，盟军何礼上校代表美军向台胞致光复祝词（另载）并高呼蒋委员长万岁，群众响应唱和，呼声轰动全市云。

中华民国三十四年十月十八日　《台湾新报》

这是充满希望的刹那。

这是人心光明的顶点。

这是历史不能遗忘的瞬间，

它代表着台湾人心的最初。

要记住这些话，因为它永远不再归来："举市欢腾，沿道扶老携幼，不期而会者，无虑数万人。彩楼上，青天白日迎风招展，与两旁对联'赖尔元戎恢复党国，存吾浩气收复河山'互相辉映，克尽表现台胞心理。"

维护地方之秩序　望同胞忠诚合作　陈军长登陆第一声

　　本军此次奉命令开至台湾，在陈长官葛主任领导之下，一为接受日军投降，一为维护地方秩序，因到台之初，对于地方情形，未甚明了，望我台湾同胞，多赐指导，并豫以协助。

　　台湾原为我国领土，脱离国境，已历五十余年，此五十年间，祖国同胞，无不深切关怀，而台湾同胞，亦充分表现其对伟大祖国之热爱，今当祖国复兴之际，台湾亦同时还到祖国怀抱，从此中国安定，世界和平，实在值得我人之须欢欣鼓舞。

　　此次国军进入台湾，本军得盟国美军之热忱帮助，首先来到与诸君见面，实感有无限之愉快，我军对我台属全体男女同胞，绝对爱护，务使军民相安，以慰台湾同胞之热望，且使台湾同胞获取自由与福利，为祖国争取光荣确保胜利。

　　至于日本侨民之在台湾者，吾人应秉承中央之指示，以不念旧恶及与人为善，为我民族传统至高至贵之德性，绝不以日本之人民为敌，所谓以仁义答复暴戾，希望日本侨民安心静处,毋得惊扰,吾人自当依法予以保护,本人竭诚希望台湾同胞忠诚合作,共谋复兴台湾,实现三民主义。

中华民国三十四年十月十八日 《台湾新报》

不知道当时的台湾人是不是有一种期待。

不知道当年台湾社会听见这官腔官调的话,作何感想。

只知道,"同胞"似乎还不明白祖国的文化,报纸也充满期待。所以每一字,每一句,都当成来自祖国的声音。是怀着感念在读这些文字的。不信你看下一则。

一问一答

【在基隆黄三本本社特派员发】陈军长在埠头,对欢迎的省民,感谢演说后,在舰内会客室,和记者问答如左(下),陈军长是个近于六尺之大丈夫,脸上带着温和,教人觉得可亲可爱,谁料曾经叱咤三军善战将军,如对记者之一问一答的态度,亦极亲切,使人颇有感激。

(问)六百万省民,自八月十五日那天,一刻千秋之念,怅惘祖国军队前来进驻,前天十五日,我们都以为可到,几千的群众,赶集到这埠头,终日待期,可是……

(答)那对不起了,因为本军,另有任务,所以迟到的。

(问)省民都盼望着,全岛各地,能够进驻多数的军队。

(答)中央的筹备,若能尽其意,也许能应同胞的盼望吧!

(问)关于今天莅任的第七十军,省民还没有充分的智慧,到底是怎么样的军队呢?

（答）向来曾驻屯于江苏、湖北、湖南、江西、福建各省，曾在各地区打过仗的，至于我是自民国三十年拜命本军军长，直至现在的。

（问）以后对台湾有什么盼望没有？

（答）很多很多，台湾既是本国的一省，今后对祖国可有种种的贡献，尤其是台湾蔗糖及特产物很多，本国也念望得很，台湾久离祖国，所以风俗习惯与祖国相异的也有，但既然归到祖国，和祖国互相可取其长，以补其短，而以资建设，必成优美之一省。

中华民国三十四年十月十八日 《台湾新报》

仔细看看这些问答的内容，其实没什么新鲜的事。陈"军长"也没有回答什么实质的内容。但当时的媒体与民众，对祖国的军队与领导者，有一种充满了期待的感受，跃然纸上。那是充满善意，期待更多军队来保护台湾的感觉。与后来"二二八"之后，对军队充满怨恨的感受，完全两样。

这一则报导，正是反映了当时台湾人民期待祖国的心情，"陈长官"的形象，也因此被"放大"了。

另一则消息则令人不安。

【葛主任布告】

除指定之住所外　不准许使用民房
待同胞对日人　应和平相处

陈孔达将军麾下之我第七十军，已于十七日武威堂堂抵台，而台湾省行政长官公署警备司令部前进指挥所，同日以

葛主任之名,布告我军员应遵守之注意事项如左(下):

台湾省行政长官公署警备总司令部前进指挥所布告(台字第一〇一号)

照得我军来台,首重纪律,兹将应行注意事项,布告如次,凡我官兵,应各遵守:

一、奉行政长官兼总司令陈酉齐署秘电开:第七十军到台后,除指定之住处外,绝对不许使用民房及民宿、研究机关,尤须严禁毁坏取携一切设备,并禁抢购强买。

二、官长非因公不得外出,士兵绝对不准外出,如有必要,应组织小队,由官长率领,但须服装整齐,仪容整肃。

三、携有法币者,在未奉明令在台湾使用前,不准向市面使用。

四、官兵对本地同胞或日籍军民,应和平相处,不得滋生事端,如有事故发生,官长应即时妥为处置,以免引起摩擦。

五、购买物件,可由采购组统筹,至一切事务接洽,可由联络班办理,以资统一,而免分歧。

六、注重卫生,预防流行性感冒与疟疾及环境卫生,以免疾病。

此　布

民国三十四年十月十七日
主任　葛敬恩
中华民国三十四年十月十八日　《台湾新报》

台湾老一辈的人说过,他们看到国民党军队来台的种种口号,非常不解。如"爱国""拥护政府"等。他们认为,国家是自己的，当然爱护啊。政府是自己的，又不是殖民帝国，当然拥护。但他们不知道，这其实是国民政府在大陆的统治经验的反映。

这一则布告，也是如此。它起初让台湾人不解，因为军队本来就不能占用民房；军人要服装仪容整洁，不是天经地义的事吗？总之，这一则新闻，显现了这些军人在大陆的毛病。所以政府才要出面规定。可惜，这规定一样无效，才会升高民怨，发生后来的"二二八事件"。

七　山的兄弟与王万得

各界技术家速来报名登录

十日举行了发会式的台湾科学振兴会，为协力技术方面接收工作，积极要推举正要求的技术人才起见，迄今在日本压制下，不能发挥自己的手腕之技术家，使能得十分发挥其力量，对全省内的技术家，理工农医各界，现在登录开始了。尚未登录者，迄至十月底，望速对台北市下奎府町一八二同振兴会报名登录。

中华民国三十四年十月十八日　《台湾新报》

日据时期的台湾，各种专业技术都掌握在日本人手中。台湾人至多是学习当医生，念商业学校，总之，做一个下级技术人员而已。等到台湾光复，大量的工厂、公司缺乏人才去管理，许多技术人员在日本统治下，缺乏发挥的机会。这就是殖民地歧视政策的结果。这一则新闻，其实反映这样一种历史现实。说日本统治台湾的"德政",还有什么比这一则新闻更具说服力?

就在欢迎国民党军队到达、等待陈仪政府来台接收的气氛里,台湾社会原有的动力已经活跃起来了。谢雪红在台中组"人民协会""农民协会",试图换一个名称,恢复日据时代被压抑下去的共产党组织。而另一个人王万得则展开另一个行动。

听到日本降伏之喜讯
高山兄弟欢天喜地

三民主义青年团中央直属台湾区团部视察员王万得,十七日由山界归来,访问本社,关于日本降伏后的山界情形,言明如左(下):

我三星期以来,巡访新竹州下竹东、大湖及兰阳方面的山界,各地的高山兄弟,听到日本降伏之喜讯,也同我们兄弟一样,欢天喜地,手舞足蹈,他们极喜欢,切实要变中华民族,这样希望也要本省人后援始可达其目的。又关于"高砂族"的名称也希望抹消,叫作山的兄弟可也,山的兄弟近日中遣代表要欢迎陈长官之计划云。

中华民国三十四年十月十八日 《台湾新报》

要特别注意这一则新闻。因为王万得是非常重要的人。他是日据时期台共的领导人之一,与谢雪红代表着台共的两条路线,两人也长期矛盾,互相斗争。台共历史恩怨太长太深,此处说不清楚,甚至根本没有人说得清楚。但比起谢雪红的备受史家重视,王万得在历史上反而未得到应有的肯定。

但我们不能不重视王万得的活动力。就在刚刚光复的刹那,

谢雪红

所有人都还处于兴奋的高点上，王万得就跑到竹东、苗栗大湖、兰阳的偏远山地部落，去调查"高砂族"状况。这真正是一个革命家的了不起作为。

王万得也可能是提出反对"高砂族"名称的第一人。他通过调查，表明当地住民不希望被叫作"高砂族"，而希望叫作"山的兄弟"。

多好的名字，"山的兄弟"！

这个时期的王万得在山地做调查，而谢雪红在台中大华酒家的楼上，组了"人民协会"，扩大活动范围。这两个台湾共产党，在日据时期坐牢，却在光复刹那，就同时展开活动。果然生命力非常强！

八　祝贺与屠牛

十月二十四日有一条大新闻：陈仪长官要来临了。盛大的欢迎会已经筹备好，祝贺活动将绕游台湾的市街。

狮阵、龙舞团总出动　展开豪华之祝贺行列

欢迎陈行政长官莅任的庆祝大会散会后，还有盛大的祝贺行列，这天除三民主义青年团、学生团体外，由全省各地集来的狮阵、龙舞、音乐团等约莫有两百多团各呈各有的特色，呈出灿烂豪华的光景，祝贺行列，是以三民主义青年团、学生团、狮阵、龙舞团、唱戏团、外省民团、朝鲜民留民团、筹备委员团之顺序，绕游岛都主要的市街。

中华民国三十四年十月二十四日　《台湾新报》

然而，同样的报纸上，却有一则消息让人感到难以言说的不安。

陈仪长官本日莅台
明天举行光复典礼　各地代表三千名参列

台湾光复以来，倏尔已经过了两个多月了，全省民因为得归祖国的怀抱，个个都满面堆着笑容，喜得脚乱手忙，不知所措，为建设顶好的台湾省，无不挺身直进。因此台湾光

复庆祝筹备委员会，为表省民的热诚，自早就在准备盛大的光复庆祝行事，本日果见陈行政长官兼警备总司令之莅任，所以明天午后一时起要在台北市公会堂开盛大的台湾光复庆祝大会，这日行政长官以外，还有前进指挥所官员、省党部主任委员、军事长官、盟国代表等之临席，由本部及全岛各地到会的筹备会代表约三千名亦参会，依据左（下）记的顺序开会，呈现出空前未有的盛况。

大会秩序：

一、全体肃立

二、奏乐

三、放礼炮（十二响）

四、向党国旗及总理遗像行最敬礼（一鞠躬、再鞠躬、三鞠躬）

五、主席恭读遗嘱

六、向总理遗像抗战阵亡将士暨死难同胞默哀三分钟

七、主席宣布大会理由

八、行政长官训词

九、省党部主任委员训词

一〇、军事长官训词

一一、来宾演讲

　　盟国代表

　　各界代表

　　省外代表

一二、主席致谢词

一三、高呼口号

1. 遵奉总理遗教
2. 竭诚拥护中央政府建设新中国
3. 光复台湾毋忘革命先烈
4. 建设台湾是建设新中国之起点
5. 协助政府安定社会秩序
6. 拥护陈长官建设三民主义的新台湾
7. 拥护台湾省党部领导台湾民众
8. 中国国民党万岁!
9. 蒋主席万岁!
10. 中华民国万岁!

中华民国三十四年十月二十四日《台湾新报》

等待那么久的"台湾光复"仪式,终于要开始了。

仿佛等太久的婚礼,大家在兴奋过久之后,虽然有一种疲惫,但还是满心喜悦。有一种"总算要开始了"的感觉。

整个仪式,尤其是上面所列的"大会秩序",让人感觉这是党国一体的仪式。但这就是当时的情况。我们把它完整保留,是为了让我们再一次回忆,当年是如此举办光复大会的。

我反复观看整个大会秩序过程,感觉仿佛缺少了什么。但说不上来。后来有一次夜半醒来,重看着这新闻,才了解中间所少的,是"台湾光复"的感觉。那就是少了对台湾这五十年殖民史的同情、理解、疼惜、拥抱……对台湾人民所受到的苦,少了一句温暖的话:"台湾人啊,辛苦了。"总之,是一种温暖的疼惜。

是的,它有正式的仪式,但它是国民党回来统治的感觉。官仪威武，不如人性的一抱。

牛是老百姓的性命　乱偷乱屠、妨害农村增产

台湾光复以来，台省六百万同胞之归宗，各地莫不欢天喜地。然际此接收前后，全岛的耕牛频频被偷屠杀，现在耕牛总数三分之一既被屠杀，这种不法行为，都是无智的农民为眼前的小利，乘警察放松偷盗，这种放任不问，耕作上不得缺的牛耕，其影响食粮增产尤大。

原来劳力不足的农民，若无耕牛，竟遭不能耕种，这重大的问题，实令人忧虑。从前日军强制压迫供出耕牛时候，全农民猛然站起反对了，然而这重大问题，为眼前的小利，把如性命的耕牛，秘密屠杀，这种非国民的行为，应当严重处罚。省民对这问题要自省自戒，对这种不法行为要速即实施：

一、禁止屠杀耕牛。

二、农村自卫队积极防止偷牛。

三、对牛肉商的全面取缔。

中华民国三十四年十月二十四日　《台湾新报》

这一则新闻，常常让我想起《现代启示录》里，马龙·白兰度在最偏远的丛林里，目睹屠牛的仪式的过程。这是一个牺牲、死亡的仪式，一种向现代文明告别，向蛮荒膜拜的过程。

在光复的欢天喜地、秩序松弛、无政府状态下，老百姓居然开始偷盗屠牛。台湾农民是不吃牛肉的。这些牛肉一定是被卖到城市来，给对牛没有感情的城里人吃。偷牛贼、卖牛肉的、消费者是一环扣一环的。它意味着社会秩序开始混乱了。

迎接国民党军队的锣鼓在全岛开始响起，人们欢喜庆祝光复，而偷牛贼正在农村偷偷杀牛……一个社会的巨大反差，一个极端矛盾的时代，就这样来临了……

一九四五，你不能不凝视的一年。这是一段又鲜活又荒谬、又悲哀又壮烈的历史。你不能不注视这一年，因为，这是被压抑五十年之后，台湾唯一的一次，充满纯真的梦想、美丽而混乱的青春！

（部分内容原载于二〇〇五年《中国时报·人间副刊》，现完整刊载）

发生于一九四七年的"二二八事件",是延续台湾光复后所有社会矛盾的总和,也反映出一个殖民地社会如何回归转型的艰难历程。它既有两种不同发展阶段的社会如何重新融合的课题,更有各种阶级矛盾、族群冲突,以及殖民文化之残留如何转化等的交缠纠葛。

时至今日,我们终于可以拉开历史的距离,用安静而理解的眼光,重新凝视这一段历史。在长远的"时间之镜"下,我们都只是大历史的一个倒影,我们没有仇恨的本钱,只有互相悲悯的观照。

肆

1947～

- 寻找"二二八"的沉默母亲：林江迈的故事
- "二二八"的六个最基本问题
- 以大历史的悲悯看"二二八"

寻找"二二八"的沉默母亲：
林江迈的故事

> 沉默的母亲知道，爱比恨更长远，她会因此继续走下去。
>
> ——高尔基

一 百劫回归

历史不曾给林江迈留下太多位置。虽然历史课本上，她总是被提及，卖香烟的妇人、"二二八"的导火线，但也只有这几行字。她从何处来？她往哪里去？她最后落脚在什么地方？没有人知道。她仿佛战乱大历史扉页中的一张薄纸，飓风一吹，就消失了。

而"二二八事件"已经过去六十年了。这一段历史，有诸多可探讨的角度，以往的论述，不乏从政权转移、族群冲突、文化差异、殖民地遗留、语言适应、国民党军队的素质、国共内战延伸、红色革命影响等等观点，来诠释"二二八"悲剧。然而，在大历史的观照下，作为个人生命史，又如何了解呢？

以往也有过不少研究与口述历史，从受害者生命、受害者家属遭遇、地方冲突事件等，进行研究。但这中间，似乎有一个空白的点，少了一个人物。那就是作为"二二八"导火线的那个只留下一个名字的卖烟妇人——林江迈。

这个平凡的妇人，引起"二二八"的大悲剧，她后来如何了？她从此消失在"二二八"之后的历史洪流之中了吗？在动荡的年代，她怎么过完此生？我们有没有一种可能：先摆脱政治，先放下身份，回归到"人"的本位，回归到一个台湾女人，一个母亲，一个祖母的角色，看看一个台湾女人的一生？我们有没有可能：从林江迈的一生，重新看看"二二八"，以及之后的台湾社会？

"二二八事件"过去六十年了，我们是该回归到"以人为本位，以人为依归"的起点，重新凝视林江迈，一个人的生命史，把那个长久的空白补起来。因为她的生命史，是台湾底层人民的真实历史。那可能才是真正的"台湾之心"。

二 龟山来的媳妇

林江迈，本名江迈，生于一九〇七年，是一个贫苦人家的女儿。嫁给了龟山的望族林枝的第二个儿子林客清，成为林枝的第二个儿媳妇。林家在龟山一带的山坡，拥有大片土地，自己种茶。但林枝并不以此为满足，除了自己种，还向周边的农民收购茶叶，在台北重庆北路一带拥有一间茶行，做茶叶的进出口生意。日据时代，林枝还曾多次赴东南亚各国做茶叶外销。

这不是特例。二十世纪初，因为中国战乱，有大量闽南、华

台湾制茶女性。她们的工作,并不比男人轻松

南的人移民到东南亚开垦经商,他们习惯饮用中国茶,以消解印尼、爪哇热带气候带来的干渴,所以台湾茶在日据时代即大量外销东南亚。林江迈的家族如此,龟山、龙潭一带的茶叶都是如此。

但这样的望族不是凭空得来的,而是靠整个家族的勤奋劳动。江迈嫁入林家,就像所有农村的家庭一样,男人务农,分担重劳动,妇女参与分工,分配所有农活之外的家务劳动。家族的人口众多,就依照各房来分配工作,包括煮饭、洗衣、照顾孩子,送点心茶水到茶园,供农忙的工人饮用。这是典型的台湾习俗。妯娌煮饭要供应一家数十口人的家族,不是简单轻松的工作。林江迈的女儿林明珠还记得小时候家里吃饭,席开几桌,由干农活的男人壮丁先吃,等到男人食用完毕,才轮得到女人、小孩食用。

而在农忙期间,因为大清早六七点就得上工干活,所以早晨十点左右,以及下午三四点左右,都得供应点心。这些点心包括咸稀饭、小菜、米粉汤等,由家人用竹篮子挑着,到茶园旁边的田埂上,再呼唤工人出来,围坐田边,一起食用。除此之外,中间还得添加茶水。这些工作,都得靠妯娌之间来分工完成。

这是一个典型的台湾农家。林江迈有过几年的劳苦农家生活,虽然劳苦,但是平安。她一共生了五个孩子,前四个都是儿子。长子不到一岁就早夭,后来又生下三个儿子。当她怀着第五个孩子的时候,丈夫林客清突然得了急症,骤然去世,留下三个孩子和一个遗腹子——林明珠。

她的公公林枝怜惜她年轻守寡,看她带着四个孩子并不容易,特别关照。但此举却引起妯娌间的一些闲言闲语,说林江迈特别会讨公公的欢喜。这本是大家族难免的矛盾。但林江迈生性刚烈,受不了家族里的闲言闲语。公公于是派她到台北重庆北路的茶行去，一边照料家族生意，一边担任煮饭打扫的工作。

这时已是日据时代的后期。或许受到战争的影响，东南亚海运在空袭下无法畅通，茶叶生意日渐清淡。光复后，更因台湾经济萧条，失业人口增加，社会动荡，外销茶叶已无法运作，茶叶行终致关了门。

天性倔强的林江迈不愿意回到乡下，过着被人说东道西的生活，于是在茶叶行关门后，也像所有台湾战后的失业大军一样，在街头卖起香烟。

三　卖烟的人们

日据时代，烟酒本是公卖，由政府垄断。此时因战后政策未明确，贫苦者相继出来在路边摆上摊子。他们去购买走私进口的美国香烟，或者整包卖，或者将之拆散成散烟，一支一支地卖，以此赚取微薄的小利，图一个生存。

光复后创刊的《新新》杂志，曾刊载过许多著名文化人的文章，但出版八期后，于一九四七年一月停刊。停刊的最后一期上，刊载着一篇名为《卖烟记》（作者：踏影）的文章，它是这样写的：

> 日本时代没有路旁的卖烟，烟、火柴的专卖是日本在台典型的制度，违反者法律严罚，所以没有人敢冒法治国的这种专卖，自然路旁的卖烟算是想不到的一回事。但光复了，于此路旁的卖烟随着出现了，如今光复满年，他们亦满路，

他们的纪录亦正满年了。他方，伟容堂皇的台湾省专卖局亦经过一年的经营历史了。

同是一年的岁月，可是比较起来，实在两方的利害和立场差得太多，而且样式亦各方各色，这样以致双方演成了一种僵局。

先说专卖局的查缉，他们便叫卖烟一面卖，另一面就提心吊胆战战兢兢地警戒，查缉员一来了，这一群小路摊拼命地走散了，然后等这阵查缉风吹过能够安全，才照前老是样大声地卖烟喊起来……

他们有好几个小孩子、老人家，以至新出现的那几多个可怜如秋菊的卖烟小姐。

警戒需要严重的时候，即派出同伴站在十字路口监视可怕的查缉员，这是他们的前哨兵；不但有前哨，他们的组织已经愈来愈庞大起来了，有的是部下，有的是头目。卖烟头人的来历从前不外是个和他的现在的部下一般微小的卖烟，然后光复的日子给他大发了烟财，一直到现在他的几万元台币已充分能够拥着一群底下人啦！而且年来的卖烟恰巧的教了内行的种种技术给他们，外省来的、中国烟、米国（美国）烟，不但早已会辨别其真假，他们自己来说，快早就开始了更巧妙的一些方法啦！……

这种僵局的根源如此复杂而且深大，真是像那么一阵查缉风绝不能根绝的，即紧要当局的整个施策来解决才行，不然洪水般失业的人群一定多走这条路，结果，对当局不应该有的摩擦和误解也恐怕坏坏地搅扰出来啦！

失业，台湾现正酿久了这一大群生活苦声，卖烟原来是由这里产生出来的,所以路巷所见的他们简直使人家难免不深切地想到那么暗惨的民生现实啦!失学的小孩们,靠着卖烟,扶养着他们的一家贫苦的世界;卖烟以外,无论天未明的朝早;暗黑的夜半里,一年足足三百六十五天走过了冬寒的雨天、炎热的夏天,叫卖油车粿、烧肉粽、土豆仁……啊!净是可怜可爱的人们哟。

第一届省美术展里,记得有一个作品,洋画《卖烟》,描写了两个少年排着小小的烟摊,一个大概是因为疲倦吧,白天底下,一向在贪着睡觉,他一个站着好像等客的样子,可是他的脸上有了好像含点怒气或好像嗟怨什么的表情,如实地表现出灰色的忧郁。啊!卖烟,你们的忧郁确实是个民生主题啦!

林江迈,便是站在光复后的这一大群失业队伍中间的一个。因为地利之便,她选择在圆环、延平北路一带的街头摆摊子。这一带是酒家、食堂集中之地。光复后有许多高官、接收大员在这里出没,接受招待。而酒家外有保镖、地头的混混,这也是古之常态。至于香烟摊子,更是供应酒家出没者的必需品。

四 白白净净的寡妇

林江迈必须出外卖香烟,于是把较年长的两个儿子留在老家上学,和公公林枝过生活,自己带着两个较小的孩子在台北。一九四七年,最小的儿子林文山十二岁,最小的女儿林明珠才十岁。由于当时重男轻女的观念作祟,林明珠并未上学,而是跟着妈妈在台北的街头讨生活,如此,才让她目睹了"二二八事件"的现场。(后来曾有人进行"二二八事件"的口述访谈,访问了林江迈的大儿子林匏螺。他为了保护妹妹林明珠,刻意说当时是自己在现场,以免人们知道她后来嫁给了外省人。此一误解的访谈,成为争论林明珠有没有在现场的焦点。)

林江迈是一个望族出身的妇人,她并不像一般失业者穿得邋邋遢遢,反而特别整洁。她总是把头发往脑后梳一个小髻,让自己看起来干净素颜,在脑后插一朵玉兰花,或者小小的白茉莉,让它的香味淡淡飘散。她并不是穿着传统的台湾衫,而是简单裁剪的旗袍,虽然不华丽,也不是精细的做工,但总是整整齐齐,清清爽爽。她常常向女儿林明珠说,我们不是要故意打扮,而是希望自己闻起来香香的,看起来整齐干净,别人会比较舒服。她也从不穿着拖鞋出门,她认为,人要出门,总是要给别人看,人即使再穷,穿得整齐,就不会被瞧不起。

晚年林江迈的长孙女林素卿常常去探望她。林素卿说,林江迈爱美爱整洁,家里吃得非常简单,她住在圆环一带,太原路附近,一间租来的小小房间里。当时台湾还没有煤气炉,每一户人家都得烧煤球,用小煤炉煮饭、烧水,也包括冬天的洗澡水。林江迈总是炖一锅卤肉,她自己节俭,常常只用白饭拌着肉汁,就这样凑合着过一餐。

但她会把钱存下来,去定做简单的长衫。那年代里,没有百货公司,很少现成的衣服,女士服装都是靠定做的。她会去永乐町买布料,再拿去请人做旗袍、洋装、外套等。她总是说,我们家里穷,别人不知道,但如果穿出门寒酸,会被人家瞧不起。她也会教女儿林明珠在脸上擦一点乳液，为了保养脸上的皮肤，不要变得干燥，冬天会皲裂。

是这样一个素素净净的妇人，站在战后的街头，带着两个孩子，在圆环一带卖香烟。

南京西路天马茶房一带既然是酒家云集，自不免有许多保镖、地头蛇，也有一些卖香烟的摊贩。一个寡妇带着小女儿在这里卖香烟，格外引人注目，酒家的保镖们同情她，倒是常常照顾。林明珠还记得当时她总是端一个铁盒子，上面放着香烟，有整包的，也有拆开来的散烟。当时人还比较贫困，买不起整包烟，就零买一两支来抽。

五　二月二十七日的黄昏

七十几岁的林明珠还记得，一九四七年二月二十七日，那个无法遗忘的黄昏。母亲那一年四十岁，在天马茶房外的骑楼下摆摊子卖香烟，十岁的她端着烟盘子，站在骑楼边，一个军人模样的人走来，拿起了她盘子上的散烟，划亮火柴，就抽了起来。因为他没有先付钱，旁边的人觉得奇怪，都在看着。这时，这个军人伸手到口袋里，林明珠认为，他是要掏钱，但旁边可能未看清楚的酒家保镖，就觉得他可能是要掏枪，像烟警来取缔时一样，就喊了起来，大叫："伊在做什么？"

他们说的是闽南语，这军人听不懂，紧张起来，以为他们要对他不利，付了钱，转身就跑了。

不料，过不久开来一辆车，车上跳下来六七个烟警，就来取缔了。许多烟贩看情况不对先跑了。林江迈带着孩子，穿着旗袍也不方便跑，就被抓住了。烟警要没收她的香烟和钱，她认为全家就靠这吃饭，没收了怎么活，便拉住香烟的木箱子不放，哀求烟警放了她。但烟警不依，双方拉拉扯扯之间，烟警拿出手枪，用枪柄朝她的头打下去，当场血流如注，鲜血满脸。现场的群众非常愤怒，认为这是欺负女人跟小孩，立即大声喊："打啦！打啦！"

这一喊打，所有群众加入了。一个巨大的冲突，就这样开始了。

当时是《中外日报》记者的周青，在接受我的访谈时，如此回忆：

二月二十七日天将下雨的傍晚，路灯刚刚亮时，我在天马茶房喝茶，突然外面人声叫喊，好吵，我本能地跑出去，一出去看到现场有烟警要抓卖私烟的，当时卖私烟的人很多，专卖局六七个身穿黑色制服的警察从卡车上跳下来抓人，烟贩大多匆忙逃散，但有一位叫林江迈的妇人手脚较笨，只有她被烟警抓到。抓她的人叫傅学通，大概是福建人，这个人将林江迈的烟跟钱没收。林江迈觉得我全家人靠这个吃饭，抢光了，全家要靠什么吃饭，所以跪在地上求他。傅没有把钱跟烟还给她，反而拿枪柄朝她的头顶打，一打流血，血喷了出来，人就昏倒。

这时，围观的群众就喊："打！"一声打就这样喊出来了，一呼百应，四面八方都喊打。

这烟警十分害怕，拔腿就跑，他朝淡水河永乐町（迪化街）那边跑。跑的过程当中，开了两枪。

他以为打了两枪，台湾人就会怕，其实台湾人照样追打。

事后讲来，台湾人很讲理，其他的烟警都不去追，只追你这个把人打昏了的。民众紧紧地追他。我也参与追讨傅学通。

他开了两枪，有一枪恰恰打中陈文溪的身上，陈文溪就死在那里，他当时是来串门找朋友，在骑楼下被打死。傅学通跑到淡水河第三水门旁的分局里面，群众包围这分局，之后不到半小时，发现这名员警从这分局转移到警察总局，所以群众就去包围在中山堂隔壁的总局。不过一小时时间，群众冲到警局里面，局长陈松坚出来说这犯人已经到宪兵队了。宪兵第四团当时在中山堂隔壁、《新生报》的对面，原日本宪兵队旧址，宪兵团长张慕陶出面拒绝将人交出来，所以群众包围宪兵队，在院外整夜高喊"严惩凶手""将凶手交出来"，不时敲打宪兵队铁门。

隔天，因为群众的包围没有结果，所以又集合起来，推了一辆三轮车，里面放着借来的狮鼓。这狮鼓是向永乐町三重埔上的"拳头馆"（即武术馆）那里借的。集合地点就是天马茶房对面那条路口。集合是自发性的，以大鼓作为先导，有一幅先导的横幅写着：严惩凶手。没有别的乐器，事后有人回忆说敲锣敲钹，会这样说的人其实不在现场。

九点出发，向北门走去，经过北门向左拐，要到行政长官公署请愿。事后我们回忆，有人说队伍要去占领电台，有人说队伍要去专卖店抢烟出来烧，讲这种话的人，可见他也不在现场。事实上，因为队伍包围警察局没有解决问题，包围宪兵队也没有解决问题，所以队伍的目标很清楚，就是长官公署。大约有两千到三千人，不是讹传的几万人。

十一点半左右，队伍在长官公署对面的一间杂货店休息，不到十分钟，正式向长官公署这边行进，距离长官公署三四十米，公署楼上的机关枪就打下来了，这时死了四五个人，中枪的人是先跳起来才趴下去的。机关枪第二次扫射，又有三四人中枪。受伤没有死的人倒在地上哀号呻吟。

打枪之后，群众四散，但不是就此作罢，大约分成三路。头一路是转过头来集中到本町，包围专卖局，有人跑进去烟草公司里面，包括烟、酒、钱等等都搬出来，集中在门口的路边烧。

另外一股群众比这一边还大，从街道跑过来，远远看来像是人的潮流，我从来没有见过这样的人潮，冲过来，边跑边喊："打倒贪官污吏。"从太平町、建成町都有人群吵吵闹闹地跑来，最主要是找穿中山装的外省人，台湾人眼中所看的贪官污吏就是穿中山装的外省人，唐山人。

还有一股人群人数较少，到新公园包围广播电台，这些人是比较有头脑、知识较高的人。电台门口被台籍的职员挡住，说这电台不能随便进去，群众中有几个人跟职员辩论，过程中发生推打的情形。在关键时候，电台台长林忠出现了，他在台籍电台职员的耳朵边说了几句，我们又闹了一下，台长进去以后，这职员的态度完全变了，变得客气了，笑眯眯地请我们进去。广播室窄小，我们不能都进去，推派代表，我认识拿起麦克风广播的人，是一位旧书店的老板，他在广播里谈起昨天傍晚到今天早上的详细经过，讲话非常流利，内容十分激动。

电台一广播，全台湾二二八的大暴动就这样开始了。

林江迈

六　受伤后的治疗

二月二十七日，林江迈被送到医院简单地治疗后，回到家里。生性胆小谨慎的她，带着两个孩子，瑟缩在小小的房间里。十岁的林明珠知道，母亲的香烟被没收了，家里会没钱过生活。但她更担心母亲，血慢慢止住了，但被打的地方，依旧疼痛不已。直到二十八日晚上，整个冲突已经爆发起来了，公卖局才派人到她的住处，"日新町二丁目九番地"，将她送到延平路二段一号的林外科医院，打青霉素治疗。

依照林江迈对调查人员所说的笔录，她在林外科医院住到三月五日才出院。当晚，确实是由烟警用手枪柄打伤的，但是什么人打的，她已经不认得了。当时长官公署发给她医药费五十七元，但询问她付了多少医药费，她说是八百元。到最后长官公署是不是有代她支付，就不知道了。但她在笔录中，明白说出因为被打伤，头部会晕眩，所以无法出来卖香烟。她念兹在兹的，还是希望她被没收的五十条香烟可以发还，这样她就可以继续过生活。

林江迈在龟山老家的人知道她出了事，就派大儿子林匏螺和小叔来台北，希望接她回去。但当时台北已经一片混乱，宣告戒严，人车通行都要证件。他们从龟山出来，在台北桥就被拦下来了。一再表明自己是林江迈的家人后，才终于被放行，然后在林外科医院找到林江迈。他们在医院照顾她，出院后，回到小小的房间里，外面整个翻天覆地的"二二八"社会冲突，街头的戒严与枪杀，以及二十一师上岸后的大镇压，他们都只能从街坊邻居那里听到。

林江迈是什么时候离开台北的，已经无法考证。调查人员所做的笔录是三月十八日在日新町她的住所访问的，显示她此时还在台北。这之后，她的家人怕台北仍在混乱中，决定接她回到龟山老家避风头，先躲起来再说。

那时候年纪还太小，林明珠也不记得回老家多久。但整个"二二八"镇压后，社会平息下来，林江迈不愿意在老家过生活，又回到台北。

七　回到老地方

她，孤儿寡妇的三个人，如何过生活呢？她依旧回到老地方，蜗居在小小的日新町小楼上，自己烧小煤炉，自己煮饭，自己过生活。她依旧卖香烟。但这一次不是在天马茶房外面，而是移到了日新小学外，围墙旁边的树荫下。靠着围墙，她在这里摆开香烟的架子。对面是远东戏院，平时有人进出看电影，总是有一点生意做。

她沉默地、安静地过着她的小小日子。她也从不提起"二二八事件"当时的情况，也不说现场如何，甚至她的家人，她都不说。历史，仿佛沉埋在她的心底。或者，她根本不希望大家知道她这个人。

有时候卖香烟的收入不够，她会尽量去找其他工作。林素卿还记得祖母晚年时，还曾去做公家分配的打扫排水沟的工作。这是为了给无业的人补贴家用的工作。早晨天还未亮，就先起来，把排水沟里的污泥垃圾清理干净。林江迈会换上破旧的老衣服去工作，等打扫好了，林江迈回家洗干净，换上素净的长衫，再捐起香烟摊子,到日新小学的围墙边,安静地坐下来。

中午时分,她都会匆匆忙忙回家吃饭。这是为了省钱。她会请人帮忙看一下,回来再开张。

日子就这样,一日一日过去。儿子都在老家上学长大,由公公林枝照顾,事业和婚姻大事,都是由公公来操办。林江迈没有操太多心。只有小女儿林明珠和她在台北过生活,她有一点担心。林明珠不是很会读书,当时也大多认为女儿长大了,就是嫁人,花钱读书是多余的,小学二年级之后,便也没有再上学。

为了挣钱,林明珠十四五岁的年纪,就去了一家外省夫妇的家庭里做帮佣。丈夫是一个公务员,妻子是一个学校老师,知识分子家庭,待人和和气气。只是语言不通,刚刚开始的时候,让林明珠有点困扰。例如说,要买菜,太太交代的菜名,她常常搞错。还有刚开始,她不会煮饭,太太交代要煮稀饭,她搞不清楚,煮成了一锅半生不熟的饭,笑坏了这一对夫妻。但这个太太是老师,总是像教小孩一样地教她。后来这对夫妇要转到基隆去上班,还希望她跟着去。可是林明珠认为不要离妈妈太远,就拒绝了。

她后来又找了其他帮佣的工作,但都做不长。直到有朋友介绍了烟酒公卖局的清洗瓶子的工作,她才算安定下来。一直做到结婚,丈夫要她专心照顾家庭,才离职。

八　把女儿嫁给外省人

林明珠渐渐长大了,林江迈也一日一日地变老了。她瘦小的身子,在日新小学的围墙边上,仿佛是一幅安静的素描。日新小学的对面,是一个特警队的宿舍。这些特警担任的是高官的随护,身强力壮,动作利落,有一些拳脚功夫之外,枪法一定要特别准。这中间有一个叫曾德顺的,是一个山西来的小伙子,长得高高壮壮,因为身材比较高大,代替哥哥出来服兵役,不料就跟着军队来到了台湾,最后进入特警队服务。当时,他正担任陈诚的随护。

他有时候会下楼去对面的围墙边上,向林江迈买香烟,日久就认识了。他是一个有同情心的年轻人,看林江迈长得瘦弱,扛一个大大的香烟架子,仿佛很重。尤其是冬天的时候,阴雨绵绵,天气湿冷,厚重外衣下,一个老妇人的身影,总是引起他的同情,便下楼去帮她扛香烟架子。

曾德顺不知道她是谁,也无意去探听。但日子久了,算是互相认识了。有一年过节,是台湾习俗的庙会,林江迈想起平日这些警官队的人特别照顾她的生意,便请他们一起来家里吃饭。她煮了一桌菜,林明珠在旁边照料端菜招呼。这些特警队的一些人都结婚了,只有曾德顺还单身,他们便起哄要他追林明珠。

但林江迈笑着没说话。曾德顺也害羞,不敢说什么。这是他们第一次认识。曾德顺没把这件事放在心上,没有出任务的时候,就继续帮林江迈扛香烟架子,送她回家。这时的曾德顺其实是有女朋友的,而且她非常积极要和他结婚。但曾德顺总是害怕,拒绝了。他认为结婚是人生一件大事,一定要非常慎重,不能随随便便就结了。

后来,渐渐和林明珠熟了,他觉得她个性开朗,温柔顾家,才开始起意要结婚。而林江迈观察这个外省警官,发现他正直善良,值得林明珠托付终身,于是向家里提出来。

当时，家族有许多人持反对的态度。有人说："怎么去嫁给外省人，嫁给一只外省猪哦！"像林明珠的大哥林匏螺，就非常反对。但林江迈的公公林枝，这个作为龟山地主的族长，在打听过曾德顺的背景后，竟然说："陈诚这个人还不错，人品正直，他用人的原则一定很严格，他身边的人，也会是正派的人，所以可以嫁给他。"

这大大出乎了家族的意外。因为当时还有许多人对陈诚推动土地改革，把地主的土地发放给佃农，导致他们家族的损失，非常不满。但开明的林枝反而安慰他们说，这么多土地，我们自己都照顾不来，给贫困的农民种，总是比较好。

在祖父的支持下，林明珠嫁给了曾德顺。但林明珠的大哥林匏螺非常不谅解，曾德顺送的喜饼，他都不愿意送出去，甚至很久以后，还堆在家里的墙角。他说，嫁给外省人，丢脸死了，谁敢出去送？

九　外省女婿

然而林江迈却在这个外省女婿的身上，得到最多的照顾。一九四九年才跟国民党撤退到台湾的他，根本不知道什么是"二二八"。他是去户籍事务所登记结婚手续的时候，才有人看着女方的户籍资料，问他："这个林江迈，不是'二二八'的那个卖烟妇人吗？你哦，踩到地雷了。"

"啊？什么是'二二八'卖烟的妇人？"曾德顺问。这时，户籍事务所的人向他解释，他才明白过来。"但这有什么关系？过去都过去了,她是一个这么平常的人,而且很善良,有什么关系。"曾德顺心中想。

后来,他了解了"二二八",也知道林江迈的过去,反而对她更同情。他非常孝顺,林江迈身子虚弱,冬天容易手脚发冷,他就用猪肉加牛肉去炖补,后来,还用狗肉加牛肉炖补。林江迈当然不吃狗肉,他就骗她说,这是猪肉。因为混在一起,她分不清楚,只知道吃后,身子发热,就不再怕冷了。后来,冬天的时候,她总是会说:"阿顺仔,天气冷了,帮我炖一锅肉来进补哦。"

曾德顺也得到林明珠老祖父林枝的喜爱,林枝喜欢和他用半生不熟的普通话和闽南语夹杂着,互相聊天。曾德顺不会说闽南语,有时候也会闹出笑话来。例如有一次,林江迈问他,你们警官队的早餐吃稀饭,都配什么?台湾习俗吃稀饭是配咸菜,但曾德顺不知道怎么的,就回答说:"哦,我们吃稀饭配石头。"

"石头?"林江迈很惊讶。

"是啊,石头。"曾德顺说。

"怎么会这样?石头不能吃啊!"林江迈说道。

"就是圆圆的,白白的。这样的……"曾德顺比给她看。林江迈才终于搞懂,是馒头,不是石头。她笑坏了,把这个笑话跟邻居讲。所有邻居都笑翻了。他们后来总是跟她说:"迈啊,你那个吃石头的女婿有来吗?"

一〇 选择孤寂的人生

儿女长大了,都成家立业了,林江迈可以享一享清福。儿子想接她去一起住，但她却拒绝。林明珠和曾德顺非常孝顺，也在台北，要接她一起住，她也不愿意。她宁可一个人，在当年发生"二二八"的圆环一带，继续卖她的香烟，默默地走着自己的人生路。

她的孙女林素卿初中毕业上台北来念高职的时候，常常去看她，偶尔和她一起住住，帮她看顾香烟摊子，中午的时候，可以回家吃午饭，休息一下。林素卿还记得电影《梁山伯与祝英台》正在轰动的时候，远东戏院外排着长长的人龙，她会帮祖母卖电影的"本事"。当时"本事"都是一张薄薄的纸，黑白印刷。但《梁山伯与祝英台》的却是一本印刷精美的小册子，卖几元一本。祖母看着摊子，她拿到排队的人龙中叫卖。

老祖母知道孙女生活不易，偶尔会塞一点零用钱给她。但她自己却过得非常节俭。而即使是如此，她还是很注重自己的形貌。林素卿深深记得，祖母总是用一面小小的圆镜，在小阁楼式的房间里，就着窗外微弱的天光，细细地梳着头，把头发整整齐齐地往后梳，绑一个小髻，再插上小小的洁白的玉兰花或者茉莉花。她的身上，总是有一股淡淡的香味。

林素卿记得，即使晚年，她罹患肝癌，身体愈发瘦弱，她仍保持一个干净、淡素的容颜。直到最后，一九七〇年八月十三日，她病逝在马偕医院，得年六十三岁。距离那个震撼台湾历史、余波荡漾的"二二八事件"，有二十三年。

林江迈生前绝口不提"二二八事件"，也不愿意和家人说当时的情况。震撼的历史，动荡的现场，战后贫困的台湾，只是她心底的秘密。而在当时的禁忌环境下，大家都尽量闭口不谈。

她沉默走完自己的人生，却留下一个历史的空白。

她仿佛一个谜团，一个被遗忘的扉页。她仿佛更愿被历史遗忘,被人们遗忘。没有人知道她为什么回到那个出事的地方,继续她的生活。也没有人可以了解,她怎么可以原谅"二二八"打她的烟警,以及背后所代表的"外省人",把她自己的女儿,嫁给一个外省人,而且是警官。

一 林明珠的故事

至于那个在现场陪着林江迈的小女儿林明珠,后来如何了?

林明珠和曾德顺曾有过幸福美好的生活。陈诚在建完石门水库的时候,曾剩下一些建筑材料,就拿到台北,在现在复兴北路底一带,建了一个眷村,当作警卫队员的宿舍。当时建材只够建一个水泥外壳,什么窗户、内部装修完全缺乏。曾德顺自己学习木工,做橱柜,做家具,学习做窗户,装设玻璃,一点一滴,慢慢建出自己的家。

林江迈过世后的次年,曾德顺却感染了流行性脑膜炎。他发高热,在医院里昏迷不醒。可怕的流行性脑膜炎夺去了许多人的生命。林明珠记得当时的医院,人一进去,就躺着出来了。医生检查曾德顺,只是向她说:"可能是被鸽子粪滴到头部,感染了。没办法了,要准备后事。"

林明珠多么不甘心,她坐在病床边,日也哭,夜也哭。她不断向老天祈祷,你不能让他这样走,不能让他这样走。他是一个外省人,他无亲无故,我只有跟着他。他走了,我怎么活下去?我还有孩子要养啊,孩子还这么小,你不能让他走。

严家淦也来看过,他看得出来没什么希望了,就交代要照顾家属。警官队的人向她说:如果曾德顺过去了,林明珠可以去那里工作,总是可以安排的,不要担心。但林明珠怎么会甘心?

她天天跪在丈夫的病床前祈祷,心狂意乱,也不知道是向什么神祷告了。她只是哭,有人来了,她才勉强站起来,不敢哭。但人一走,她继续向老天哭诉。曾德顺眼看是没有救了,他双眼翻白,像一个死人。林明珠看了害怕,却不愿意放弃。医生看不下去,用一块黑布盖上曾德顺的脸。就这样,一个女人,一个双眼翻白的丈夫,搏斗了五天之后,曾德顺竟然奇迹似的,慢慢醒了过来。

醒来几天后,曾德顺发现电视机的声音,周遭的声音,像大炸弹一样,炸得耳朵快要爆炸了,完全无法听见声音。他搞不清楚为什么,却只觉得声音慢慢变小,最后终至于完全听不见了。那时候开始,他知道自己变成一个聋人了。

林明珠和曾德顺不弃不离。曾德顺为了照顾家庭,回去警官队担任文书工作。本来是神枪手的他,射击一样准确,只是无法再担任警卫工作了。就这样,他工作直到把孩子都带大,直到退休。

现在,林明珠谈起母亲林江迈,童年时代的"二二八"记忆,以及后来嫁给外省人,并不觉得有什么特别的。她只是觉得,丈夫是一个可靠的人,忠实的人,一起生活的这些岁月,他们互相照顾一辈子,这样就够了。

这或许是林江迈把林明珠嫁给曾德顺时,心中在想的吧。

尾声

没有人知道林江迈在想什么,或者什么也不想,只是想把生活,好好过下去。

她是"二二八"最直接的第一个受难者,但她却在"二二八"之后,回到最初的现场附近,继续她的生活。她把女儿嫁给外省人,并未得到家族的全部认可,幸好有开明的公公支持她。她是怎么想的呢?

在她女性的心中,是不是有一个不同的认知,一个在政治、族群、省籍之上的另一种"人"的根本价值?这种女性的坚毅、沉默、韧性,是不是能够超越"二二八"被赋予的那些符号,而有另一种意义呢?

"二二八事件"六十年之后,我们重新凝视她的面容,还会看见什么?在政治之上,我们能不能看见一个女人,一个母亲,一个阿嬷,一个底层的平凡的母性之心?

或许,高尔基在小说《母亲》里的一句话可以诠释:"沉默的母亲知道,爱比恨更长远,她会因此继续走下去。"

(二〇〇六年与纪录片《寻找"二二八"的沉默母亲——林江迈》
〔监制:杨渡/导演:王育麟〕同时发表)

"二二八"的
六个最基本问题

"二二八"的当事人、二七部队突击队长陈明忠先生说过一个故事，他在美国参加座谈时，曾以自己的现场经验，论及"二二八"死伤者应该是一千人上下。当场就有一个"台独"支持者站起来反驳说："乱讲，高雄就死了三十万人。"

陈明忠说："当时高雄人口只有十五万人，就算都杀光，你要哪里去找十五万人来杀？"

那人恼羞成怒，就骂他："你根本不是台湾人。"

陈明忠说："告诉你，我祖先是台湾人的时候，你祖先还是外省人。"

为什么？因为他的祖先是跟着郑成功来台的。

后来他出了演讲会场，一个外省人竟然向他下跪感谢。他说："以前从来不敢看'二二八'，好像我们都是凶手，不敢看，不想听。现在才知道事情的真相。谢谢你。"

事实上，"二二八"一直是国民党和外省人的阴影。有如一个人被梦魇所困，压得全身动弹不得，又不敢张开眼睛，最后只能躺在那里，动也不动。现在，是该张开眼睛，无惧地、好好地正视"二二八"的时候了。

爱因斯坦说过："一百个答案，不如一个聪明的问题。"要还原"二二八"，我们不妨由问几个最基本的问题开始吧。

一

第一个问题：为何在此时此地？当时取缔私烟、抢东西、腐败贪污的事，全台湾屡见不鲜。但独独发生在南京西路天马茶房，二月二十七日？有什么必然或偶然的原因吗？

根据我去采访南京西路一带的老人，得到一个很平凡但很实际有效的答案。因为这里是酒家。就像今天酒家外面都有人卖香烟一样，这个妇人林江迈在那里卖香烟。而酒家外面，也有各种保镖、兄弟。所以，当那个烟警拿走林江迈的烟，她苦苦哀求，却被打得流血的时候，兄弟就看不下去了，在旁边起哄喊打。一般平凡百姓碰到这种事，不一定会出头，但兄弟血性义气比较强，就敢出来骂。结果，这个烟警开了两枪，打死了一个本地人陈文溪，为了追凶手，所有人群起追赶。就这样变成群众暴动。时间和地点，其实都是偶然的。但社会已经饱含了不满的巨大能量，却是出事的结构性原因。

第二个问题是：这是在台北发生的事，为什么演变为全台暴动？要知道，像这样的事，台湾有许多地方在发生，为什么它会引爆全台？

根据现场见证者、当时是《中外日报》记者周青的说法，关键是次日,群众不甘心,要求严惩凶手,用推车大鼓,游行到行政长官公署(也就是今天"行政院"),群众有两千人上下(不是外传的上万人),结果长官公署的楼上竟部署机关枪扫射。有三四人当场倒地。群众一哄而散,又不甘心,就分成几路。有一路人跑去公卖局烧东西泄愤;有一路人跑到新公园的电台那里(现在的新公园"二二八"纪念馆),攻占电台,开始广播。一广播,台北暴动传开来,全台湾的暴动,就开始了。

二

第三个问题:各地的群众都是自发的,非组织的,如何组织起来,成为集体行动?要知道,一个群众要走出来,他首先会想到找谁出来一起反抗,地方上总是要有人来领导。这是很实际的问题。以日据时代的文化协会、农民组合基本干部为主体的三民主义青年团,就成了最直接的基本组织。他们敢于反抗日本人的统治,在光复初期,有较高的社会声望,自然成为领导者。而文化协会后期的左倾、农民组合与台共密切的关系,其思想不言而喻。他们所组织的"二二八"是什么"颜色",就可以想见。

这就涉及以前被掩盖起来的历史。那就是"红色二二八"。从前国民党说"二二八"是共产党煽动起来的,这是不对的。因为它是偶发的暴动。但就像任何组织都可能因为事变而临时编组,若说已有初步组织的共产党不起作用,那也是不可能的。既然台湾老百姓反国民党,在国共内战的环境下,共产党怎么可能不好好加以运用。只是由于国共内战,国民党以偏概全,只说是"奸

"二二八事件"版画（黄荣灿）

党叛乱",未公布真相;共产党为隐藏台湾地下党的机密,不愿意公开;而民进党则以"台湾人民起义"这种最简单的说辞,宁可不承认"二二八"的反抗与共产党的领导有任何关系,这一段最重要的历史就被湮灭了。

现在研究"二二八",多半只从"二二八处理委员会"的角度,但它只是"二二八"很小的一部分。根据戴国辉教授的研究,处理委员会包括了三部分:第一,当局以及贴紧当局的"半山";第二,热心于政治改革的中间偏左集团;第三,中间与右派的保守系大地主、地方士绅等。其结构复杂,内部意见都不一致,根本无法领导民众。真正在地下有组织领导作用的,反而是刚刚创立不久的中共地下党。

让我们看看全台湾的情况。在台北,王添灯(处理委员会宣传组长)旁边有苏新、吴克泰、蔡子民等中共地下党人,后来著名的《三十二条》[1],就是这些人的手笔。而实际参与群众行动的是一些年轻人,如陈炳基等,声望与社会地位还不够,无法领导群众。所以台北的组织基础薄弱,无法成事。二十一师镇压来临的时候,也因为台北缺乏组织的领导,各自为政,散乱无章,死伤惨重。

但在台中,则是谢雪红出来领导,她在日据时代就是知名社会运动家,敢于反抗,又有领导才能,台中迅速逮捕县长,成立二七部队,召集地方年轻人参加,最后更带领部队退入埔里,改名"台湾民主联军",打了几场小型战役。但因为知道军力不成对

---

[1] 即《三十二条处理大纲》,定案于一九四七年三月七日,为"二二八事件处理委员会"向台湾省行政长官陈仪所提出的要求,其内容乃针对"二二八事件"解决方法所提出的建议。

比，而宣告解散。

在嘉义，则是更为激烈的战役。云嘉南一带，在"二二八"之前，中共台湾省工委的武装部长张志忠，就与日据时代农民组合的领导人简吉，在这里活动。简吉品格高洁，一心为农民做事，在农民之间，有非常高的声望。等到"二二八"发生，他们迅速组织起来，与陈篡地成立"嘉南纵队"（从这个名字，就可以想见它的"红色性质"了）。简吉任最高领导人的政委，张志忠任司令员，陈篡地任副司令员，下面有朴子、北港、新港等八个支队。陈篡地是日据时代眼科医生，因为抗日，被征召去南洋当军医，战后加入胡志明部队，在越南打游击。可说是"二二八"当时唯一有游击战经验的人。所以当他们攻打机场的时候，知道用水攻，打下一座机场。

当二十一师来的时候，他们迅速向山区撤退，准备在小梅成立武装基地。整个部队也改名为"台湾自治联军"。准备和谢雪红会合，变成"民主自治联军"。但因为前往小梅基地探路的张荣宗所率领的先头部队遭到伏击，几乎全被击毙，所以放弃武装基地，游击队解散，全面潜入地下。

警备总部第二处一九四七年三月二十六日报告："据本组组员许日归报称：查啸聚少梅竹崎一带之南台区作战指挥部总指挥陈篡地部因我军围剿甚急，于三月十九日起陆续向山地撤退，并将所有武器弹药及附近村民之粮食牛车悉数带走，以谋长期盘踞，闻陈逆篡地于撤退前声言决搜集各地残余部队，潜藏深山，实施一年计划，再谋大举。又传奸伪分子张信义（青年团台中分团主任）、简吉（前农民组合委员长及赤色救援会中央事务担当者，现任青年团高雄分团书记）现亦潜入该部活动云……"足为证明。

在台南的曾文区则非常特别。曾文区长丁名楠是陈仪的外甥。他本来就爱护百姓，自掏腰包，从大陆买教科书、故事书给当地孩子阅读，有非常好的声望。等到"二二八"发生，当地年轻人将他保护起来，只要他不离开，保证他的安全。但二十一师来的时候，他听到军队上岸在台北枪杀人，非常着急。叫年轻的自卫队员过来，希望他们放下武器，他会保证他们的安全。但年轻人正在激愤，哪里听得下去，心想："你以为自己的部队来了就这样威胁我们吗？"当场端起枪，拉开保险，准备射杀。

丁名楠忍不住流下眼泪。他指着自己的胸口说："你们要射杀，就射吧。我只是一片好意。你们不知道战争的残暴，杀起人来是非常恐怖的。我只是想保护你们啊！"

这些受过军事训练的年轻人被他感动了，就这样放过了。后来，丁名楠遵守他的诺言。军队来临时，他保证曾文区没有任何冲突，要部队自行通过。当地百姓没有伤亡，非常感念他。

至于台南、高雄地区，也是缺乏组织，只有处理委员会，因内部混乱，意见分歧，不知军事镇压之可怕，因此死伤惨重。

这就是"二二八"各地的不同面貌。"二二八"的时候，台湾各地有它的特殊性，而非一致的。它显示出，第一，"二二八"是一场偶发性的群众暴动。暴动突然发生，连中共地下党都来不及准备，就只能动用约七十二名党员（当时党员数），但即使如此，也组织了台中与嘉义两个地方。而有组织与无组织的差别，也因此显示了出来。有组织就知道如何战斗，如何躲避隐藏，避免死伤。而无组织则群众盲目，不知危险将至。

第二，全台湾各地的民众，在"二二八"当时，虽然有本省外省冲突，但也有本省外省互相保护的例子。丁名楠的故事说明外省人保护了本省人。而文化界的老导演辛奇则说过，大陆知名话剧导演欧阳予倩正在台北，为了怕他受到伤害，文化界的人都去探望他，保护他。一些学校的校长、老师也都受到保护。这就证明，省籍，不是冲突的核心。贪官污吏，官逼民反，才是问题的根源。

三

第四个问题："二二八"到底死了多少人？

这无法准确回答。依照现在"二二八"基金会所公布的资料，实际申请并取得补偿者，有八百多人。但其中，有不少是参与"二二八"，后来死于白色恐怖的人。如简吉、李友邦、郭秀琮等。这也正是历史核心的所在。"二二八"之后，许多人对"白色祖国"绝望而转向"红色革命"，在白色恐怖的时候牺牲了。

白色恐怖的牺牲者有四五千人，远远超过"二二八"。但因为"二二八"与白色恐怖的时间是连在一起的，一般人无法分清它有什么差别。我们要知道，白色恐怖是在八十年代后期才出现的名词。

在此之前"二二八"是禁忌，民间又没有其他的名词可以解释这一段历史，且白色恐怖的受难者，大多曾参与"二二八"，因为"二二八"而走向红色革命，最后死于白色恐怖，以至于最后所有的死难者都统称为"'二二八'受难者"。于是"二二八"成为神秘、恐怖、禁忌、镇压的年代的统称，一个巨大的符号。

而这并不包括随国民政府来台而遭到逮捕枪决的外省人，他们无亲无故，在台湾死去，连尸首都无法寻找。一个大陆来台的退伍军官曾说过，在白色恐怖时期，服役于南部军区，当时军中枪决的外省人，集体被埋在军营后方一个偏僻的墙边角落，无人认领，无人敢说出去。隔年那角落的一排木瓜树，竟异常地结满累累的果实，全军营无一人敢去摘取。只有围墙外的老百姓不知道真相，还拿着长竹竿，在那里勾取木瓜……

想想南台湾白花花的阳光下，饱满累累的木瓜，挂在孤挺树干上，橙黄橙黄得透亮，却是地下的人血与骨肉所荣养出来的……那是何等诡异而森然的感觉。

那是国共内战的年代，反共肃共的恐怖时代。

四

第五个问题："二二八"作为一场反抗运动，什么时候结束的？结束于镇压吗？被强大武力所镇压下去的知识分子、老百姓，会甘心吗？别忘了，当时三民主义青年团还有广大的群众基础，不甘心的知识分子，能够保持沉默不行动？

"二二八"，作为一场暴动事件，虽然结束于一九四七年三月的镇压，但"二二八"的反抗行动并未结束，而是延续下去的。它成为另一场"长期革命"，与大陆的国共内战结合，变成整体内战的一环。

农民运动领袖简吉的总结经验是："'二二八事件'不是人民要反抗政府那样简单的事，是台湾人的正义感看当时官吏的腐败，起来要打倒这些贪官污吏的。像'二二八事件'那样，人民的力量是无尽的,因为'二二八事件'的失败,知道人民没有组织才失败;人民有了团结、有了组织,就一定能够打倒这些贪官污吏。"(见白色恐怖受难者吴敦仁自白书。)

因此"二二八"之后,简吉投入地下党的组织,走上革命之路。他在新竹建立好几个支部,在阿里山和角板山,建立武装基地,准备配合国共内战后期,进行台湾武装起义。

陈明忠先生所说的"'二二八'是国共内战的延伸",其实是真正了解"二二八"大历史及其影响的解释,它更符合历史的连续性与真实性。否则,全台湾暴动的大事件,一镇压就结束得干干净净,平平静静,可能吗?被压迫的台湾人会如此甘心吗?把"二二八"视为结束于镇压,其实是不了解当年青春热血的青年革命者,是如何在"二二八"之后觉醒,延续其精神,转而投入红色革命。

而红色革命,则与大陆的国共内战结合,成为总体的一环了。一九四九年"四六事件"前的台北学生联盟,所提出的"反饥饿、反内战"诉求与大陆学生运动完全呼应,即足以证明。

而革命者,是不需要平反的。用陈明忠的话说:"我们志在为人民,为革命,是要推翻一个政权,换另一面旗帜的人,我们牺牲,是求仁得仁,怎么会期待他的平反?"

这就回答了"二二八"结束的时间问题。"二二八"不是结束于军队镇压,而是白色恐怖的总肃清。"二二八"是一个反抗大历史的开端,而不是结束。它宣告了后来的台湾红色革命,最后以白色恐怖的镇压做总结。

唯有从这个大历史的视野,我们才能看清"二二八"的真相,走出"二二八"悲情的迷雾。

五

第六个是我一直问,但无法得到答案的问题:"二二八"当时,外省人有没有死亡,死了多少人?他们去哪里了?为什么我们未曾倾听当年已经来台的外省人的声音呢?今天台湾研究"二二八"的人,仿佛只有一种声音,却忘记了台湾人也曾是暴动的发动者、加害者。

在"二二八"的历史里,本省外省都有受害者。如果事情只有一种面向,历史怎么会有真实?和解,应该是一种互相倾听、互相了解的过程,而不是单向的。

除了以上最基本的问题,其实我们还可以从更宽广的大历史去探求。诸如,中国刚刚从抗战的血泊中爬出来,百年来未曾现代化的中国政府,要管理一个开始初步现代化的台湾,它必然碰到诸多难题与冲突。而台湾人刚刚从日本的"次等国民"待遇里解放,多想做一个自主自尊的人,过一种有尊严的生活,却碰到落后而腐败的政权……

但这不是国民党愿意,而是中国百年来被侵略、被战争所毁坏的结果。中国大陆各地有多少民变,也是如此的镇压,如此的杀伐。这是不同发展阶段的社会碰撞。这是历史的悲剧。无论台湾与大陆,在二十世纪前半段的大历史中都是受苦的人啊,为什么不能多一点体谅,多一点悲悯?

总之,"二二八"不是神话,是一场真实的历史。它不应该有任何禁忌,也不应该再成为"台湾人的神话""外省人的原罪"了。

事实上,重新看待"二二八",不应该是仇恨、追查谁是"元凶",仿佛找一个"替罪羊"就结束了,那是最懒惰、最不负责任的方法。

事件当时，包括陈仪、柯远芬都是台湾的当政者，所有贪污腐败的人，欺负老百姓的军人，哪一个没有责任？而当年参与"二二八"的青春热血，如今只被拿来当作政客打击对手的棒子，做最廉价贩卖的勾当。那怎么对得起"二二八"的牺牲者呢？

请从倾听、了解开始吧。不仅是倾听受害人的心声，也倾听大陆近代大历史的悲剧与流离的心境；不仅要研究"二二八"的起源、过程、暴动现场、事后镇压等的真实，还要研究"二二八"之后，延续下去的革命反抗史与国共内战，这样，"二二八"才有一个完整而真实、长程而宽广的史观。这样，台湾才可以真正地从"二二八"的阴影中走出来。

而大历史能教给我们的内涵，是那个年代，曾有过两种意识形态的斗争，是内战的残酷，让多少人家庭破碎，生命毁灭于战争的杀伐；是那时代的理想主义者，曾如此义无反顾地走向反抗与革命之路。

早期的国民党，之后的共产党，以及台湾在"二二八"之中的反抗与革命，都曾如此付出鲜血与燃烧烈火般的青春，到如今，历经那么剧烈的冲突与内战，才追寻到眼前这一点和平与安定。让我们知道，和平，得来多么不容易，平安与建设，多么值得珍惜。

让我们从头学习、研究"二二八"，让我们用更真诚的心互相了解吧。如果"二二八"能够给台湾更多，那应是教给我们互相了解、智慧和慈悲。

（原载于二〇〇六年《联合报》）

以大历史的悲悯看"二二八"

现在回顾"二二八"的历史，我们有一种深深的悲悯。这是由于"二二八"曾是台湾最重最深的历史伤痕，也曾是政治仇恨、社会对立、族群冲突、蓝绿对抗、群众动员等的焦点。它曾是历史最敏感的一根脊椎神经，一碰就全身颤抖，伤痛至极。

如今近七十年过去了，台湾也历经了两次政党轮替，政治的作用已不再，我们反而能从更远的历史距离，用安静而理解的眼光，重新凝视这一段历史。因为在长远的"时间之镜"下，我们都只是大历史的一个倒影，我们没有仇恨的本钱，只有互相悲悯的观照。

发生于一九四七年的"二二八事件"，是延续台湾光复后所有社会矛盾的总和，也反映出一个殖民地社会如何回归转型的艰难历程。它既有两种不同发展阶段的社会如何重新融合的课题，更有各种阶级矛盾、族群冲突，以及殖民文化之残留如何转化等的交缠纠葛。本文试图以大历史的观照，略述其大要。

一 事件的背景

一八九五年台湾被迫割让给日本，它并非台湾人民所愿，而是中国的衰落所致，因此台湾曾有一段时期的武装反抗。但日本以现代化军事力量镇压屠杀，杀死约二三十万反抗者，终究压制了台湾人的武装反抗。随之而来的，是日本人的现代化管理手段，一步步深入台湾。它包括了建设全岛铁公路运输系统、土地户籍建档管理、开发山地林野、隐田与隐藏性资源的整理等，都是为了建立一个现代化的社会，并强迫农民种植甘蔗，以方便与日本形成"工业日本、农业台湾"的互补结构。日本学者矢内原忠雄称为"台湾的资本主义化"。而黄仁宇则认为这是将台湾纳入可以"在数字上管理"的现代化的开端。这让台湾社会产生了与大陆完全不同的根本性的转变，完成了初级的"资本主义化"。

二十世纪二十年代，苏联革命成功所造成的世界性左翼运动风潮，让台湾与日本的社会运动结合，逐步走上文化启蒙与社会运动的反抗道路。文化协会与农民组合成为最重要的文化旗手与基层反抗组织。

一九三〇年日本政府全面镇压社会运动，一九三一年全面整肃完毕，台湾反抗组织的领导者几乎全部入狱。许多台湾反抗者死于暗杀、刑求、牢狱折磨、严刑拷打等；即使如此，他们仍有形式上的公开审判，也有初步的法治可依循。随后，日本发动对华战争、大东亚战争。台湾反抗运动一片沉寂。

直到一九四〇年左右，台湾反抗运动包括文化协会、农民组合、台湾共产党等组织的领导者陆续出狱，但在"二战"的末期，日本军国主义的高压下，他们未曾有公开活动的机会。直到一九四五年,日本宣告投降为止。

而中国大陆的情势更混乱。抗战前是军阀混战、国共内战,直到对日抗战才有民族统一战线,但整个国家仍处于"无法在数字上管理的国家"(黄仁宇语),上百年的战乱,让中国列强横行、建设缺乏、工业落后、民生凋敝;更不必说军阀混战与国共内战下,根本没有任何现代法治的基础。所谓"半封建半殖民地社会"是一个普遍的定论。

所以,"光复"不是只视为简简单单的"接收台湾",而是两种不同发展阶段的社会的融合:由较落后的"半封建半殖民地官僚",来接收并经营一个开始"现代化"的社会,其结构性的矛盾,其实早已埋下。

对台湾人来说,这五十年时间,只能做"二等公民":读次等的公学校,在学校被日本老师歧视,被日本学生欺负;社会上被日本警察侮辱;大学只能读医科、农工科,不能读政治法律;求职被歧视,工作无保障。台湾人莫不希望有一天可以回归祖国,做自己的主人,不再是被压迫的殖民地次等公民。光复之初,内心之骄傲与欢欣,做一个自主自尊公民的渴望之高,自是难以形容。但台湾人未曾料到的是,来到的国民政府是一个落后的管理者,甚至是无法治、无现代国家管理能力的贪官污吏。

"二二八"的受难者陈明忠形容,光复初期,台湾人成群结队,拉红布条,以迎王师的心情,在基隆港欢迎国民党军队来接收;但看见上岸来的军队却感到非常惊讶。他们只见一群拖着破包袱、扛着旧枪、后面带着铁锅碗瓢、脚缠破布绑腿的军人,垂头丧气地走上基隆海港。他们简直无法相信就是这个军队打败了日军。当时任何一个日军的配备、武器都比国民党军队好太多了。

日本殖民者初到时的台湾

于是充满回归祖国兴奋之情的台湾人,以一种善意来加以解释:"你不要小看他们,他们穿布鞋打绑腿,是为了绑上铁块,训练腿力练轻功;他们的锅碗瓢盆,是为了随时可以上场作战,当挡箭牌……"

当年在现场迎接国民党军队的许金玉说:"那时,看见部队脏成那样,有人就说,这样怎么能打仗?可是我心里想,八年抗战真艰苦,把他们磨成那个样子,阿兵哥真可怜,又干又瘦又脏,他们为国家受苦了……"

然而,善意的解释很快破灭。现实是一个缺乏纪律与法治观念的行伍、公务员、特务们,以及充满互为矛盾斗争的政治群体,来接收台湾。

其实全中国都一样,接收问题百出,否则国民党不会那么快丢了政权。来台湾接收的人,带着胜利者的傲慢,也带着大陆"半封建半殖民地社会"的所有恶习,包括欺压人民、贪污腐败、缺乏法治、横行无道等。起初台湾人惊讶得不知所措,随后即开始冷嘲热讽。所谓"五子登科"(位子、房子、车子、妻子、金子)即是此时的讥讽语。

台湾光复初期的冲突,根源于"半封建半殖民地的大陆"来统治"现代化的殖民地台湾",即由社会发展阶段较落后的一方,去管理发展阶段较为现代化的一方,这是"二二八"悲剧发生的结构性根源。即使蒋介石派来担任行政长官的陈仪,娶日本妻子,是知日派官僚,他也请来相当多优秀的知识分子(如台静农、许寿裳等)参与台湾的教育重建,但他仍无法管理整个腐败贪污、霸道横行的官僚与军队。这恐怕不是个人理想与能力的问题,而是当时整个中国大陆的官僚水平、政治习惯即是如此。接收后的腐败恶行，民怨之高涨，两岸皆然，而台湾社会发展较好，教育素质较高，反应尤烈。这是关键。

明白此一结构性矛盾，"二二八"的诸多怪现象就比较容易了解。

二 事件的起源

回到光复初期的台湾。一九四五年八月日本天皇投降的"玉音"在全台湾放送时，许多人不敢相信自己的耳朵。台湾总督府不知如何是好，只能勉力维持秩序，以待国民政府来接收。此时社会处于无政府状态，一些报复行为开始发生。起初报复当过"日本走狗"的台人，后来也报复暴虐的日本警察等。但大体还维持良好秩序，台湾并未失控。唯有日本占领后期的物资配给控制完全失灵，为取得生活所需，黑市兴盛。小偷去偷农民的稻米牛鸡，不时发生。

有鉴于此，过去的本省地方领袖被推出来作为领导者，以安定社会秩序，等待政府来接收。而这些人过去大都是抗日的英雄，尤其是坐过日本人牢房的知识分子，才能得到社会的敬重，在无形中领导台湾渡过难关。

然而，群龙无首仍难管理，因此他们需要一个有代表性的组织，才能统合混乱的地方团体。台湾义勇队第一批回台的副队长张士德，以三民主义青年团台湾区团部副主任的身份，代表中国政府首度来台，就起了极大的作用。他在台湾各地会见抗日领袖，以三民主义青年团的名义，组成各个地方分团，使各地临时性的地方领导者可整合于组织之下，以维持全台各地的秩序。然而台湾的知识分子并不知道国民政府内部的派系问题，更不了解国共内战的历史，此时正怀抱着热情，等待祖国政府的到来。

这一段时间不长，约有两个多月的时间，却让台湾人有一个自治的机会。尤其具有理想的抗日知识分子，更充满热情，怀抱着对建设台湾未来的想象，有如等待故乡的父兄一般，等待祖国的来临。他们未曾料到的是，来接收者竟是如此素质，如此的政权。

国民党军队的素质，在大陆已经是恶名昭彰。在台湾也未曾稍有改善。他们强占民宅、调戏妇女、强取民间物资、白吃白喝、贪污公款、横行乡里；加以行政长官公署陈仪手下有所谓"四凶"，以统制物资之名，行横征暴敛之实，恶行恶状，大至金融汇率、所有贸易、米粮物料，小至民间小小烟酒营生贩卖，都要以统制管理为名，剥几层皮。再加上工业经济崩溃，战后由南洋回台的原台籍士兵失业，流落街头，只能做做街头小贩，却还得被取缔抽税，查缉没收，简直到了民不聊生的地步。台湾早已像一个愤怒的火药库。

卖香烟的妇人林江迈只是一点星火，不料她却点燃了整个火药库。

林江迈长得瘦小，丈夫早逝，生活艰困，故从桃园来台北卖香烟，赚取微薄的生活费用。她的孩子都留在乡下读书，唯有女儿林明珠因为重男轻女观念，觉得不必让她读书，于是带来台北做伴。日本殖民时代，台湾实施烟酒专卖制度，所有烟酒皆由殖民当局专卖，民间不得私营。一九四五年光复后，管制一度放松，民间开始私自经营，小做小卖，以渡过失业的难关。不料国民政府竟维持旧规，不仅实行烟酒专卖，还加强取缔民间小贩，这引起很大民怨。更恶劣的是，政府专卖烟酒品质低劣，高品质烟酒皆被私下转手，私烟私酒当然盛行。林江迈是在重庆北路、圆环一带兜售香烟维生。

当时任记者的周青受访时说过，这地方有不少酒家（当时有女侍陪酒的餐厅），门外有些年轻力壮的保镖，他们保护酒家，却也看尽许多官商勾结、朱门酒肉臭的场景，看到政府公务员（他们穿的中山服有几个大口袋，人人讥讽说是用来装红包的）在此花天酒地，台湾人却贫困不堪，心中不平。林江迈和许多卖私烟的人来此兜售香烟，是很正常的。当时十岁的林明珠还记得，这些酒家门外的兄弟，看她们孤儿寡母，也很义气地照顾她们。

当时私烟是用一个木盒子装着，以一条带子两头拉住，捧在胸前，到处走动兜售。二月二十七日这一天傍晚，缉私烟警到处查缉，到了万里红酒家附近，烟警六七个人，从一辆卡车上跳下来，开始抓人，机警的烟贩都跑了，只有林江迈手脚较慢，被抓了。抓住她的人叫傅学通，没收了她的香烟盒，准备整个拿走。没收香烟就算了，取走烟盒子等于没收了她的营生，她大哭起来，跪在地上，拉住烟盒子不放手。这烟警竟用枪柄一把打倒她。林江迈当场喷出鼻血，昏倒在地，她女儿在一旁哭泣，呼叫妈妈。旁边围观的人群，眼看如此欺侮可怜的孤儿寡母，莫不激愤，群情激动地围住烟警，想抢回香烟。几个烟警更紧张了，一心只想挣脱包围，就向前冲，往淡水河的方向跑。群众在后面追。傅学通怕被追上，回手就开了两枪。不料其中一枪竟打死一个当地二十岁青年陈文溪。群众更加激愤了，一起喊"打死人了"。延平北路一带的人群呼喊起来，整个冲突就爆发了。

烟警逃向延平北路的警察局，人群随后冲入，但他们已把烟警转移到警察总局。群众再追到警察总局，他们又转移至宪兵队。

人群愤愤呐喊"严惩凶手",无效,只能在宪兵队外抗议。

次日,由死者家属和抗议民众所组成的游行队伍,约有两三千人,从南京西路的天马茶房附近出发,沿路大鼓助阵,高喊"严惩凶手"。先至太平町警察派出所抗议,再转至台北烟酒专卖分局,他们冲入其中,殴打数名职员,有两人致死,再拿出烟酒存货,焚烧抗议。高喊"打倒陈仪腐败政权,严惩凶手"。

随后,转往烟酒专卖总局,由于大门紧闭,人群在外墙贴上标语,就转往现在位于忠孝东路的行政长官公署抗议。不料人群才刚刚在行政长官公署站定,架设在公署楼上的几挺机关枪就开始扫射了。有七八个人中枪倒地,有人受伤惊逃,群众溃逃散开。有些群众愤怒难平,无处发泄,开始在街头寻找外省人,加以殴打。另有一股群众,较有头脑,向位于新公园的台湾广播电台出发,想突破新闻封锁,向全台湾广播。

广播电台的台长林忠一看群众如此之多,不敢多说,很快放弃对抗。此时一个原本在广播电台工作的台湾职员,协助他们使用电台设备,向全台湾放送,并号召全台湾民众起来反抗。广播一放送,全台怒火齐发,大暴动就此开始了!

三 事件的过程

暴动是由台北开始的。

当时是记者的吴克泰回忆,二十七日那天晚上,他还带两个学生,去中国戏剧前辈欧阳予倩下榻的旅馆,请教学生如何开展戏剧运动。晚上由重庆南路要回报馆,才看见有许多人往警察局跑,他一问,才知道发生大冲突了。

二十八日行政长官公署前的机枪扫射后,民间死了许多台湾人,民怨大爆发,冲突立即升级为报复性的省籍冲突。商店罢市,工厂停工,学生罢课,群众三五成群,在街头围堵外省人,只要不会讲闽南语或日语者,即加以殴打报复。许多外省人纷纷走避,找台湾朋友家躲起来。

当夜陈仪下戒严令,警察趁这个机会出来镇压群众,在卡车上架着机枪,沿街扫射,不少无辜民众被射杀,暴尸街头。

三月一日,民众开始进攻政府机关与外省人所开的商店,乃至于一些普通外省公务员的宿舍,也成为攻击目标。许多外省人寻求台湾朋友的保护,偷偷藏匿起来,全台各地都有此种案例。例如,抗日知名的台湾义勇队长李友邦的家,成为义勇队同志的避难所;雾峰林家则在房子的夹层中,保护了严家淦。

此时,台湾省国大代表、参政员、省参议员等政界领袖知道事态严重,为了解决问题,决定组织"缉烟血案调查委员会",向长官公署提出四项要求,包括解除戒严、释放被拘捕民众、饬令军宪警不得开枪不得滥捕滥打民众、官民合组处理委员会。陈仪当场接受,并以广播宣布一日晚间十二时起解除戒严,也同意合组处理委员会,并派员参加。但冲突事态并未缓和。

全台湾各地的暴动不断爆发。基隆靠近台北,很快发生冲突,民众想攻占基隆要塞,占领码头。要塞司令部下令开枪还击,无情射杀,群众死伤惨重。

新竹则攻占了警察局、市政府,甚至改选市长。

台中市因有日据时期台共领袖谢雪红的领导,她在苏联受过军事训练,指挥群众迅速攻占七五供应站、飞机场仓库、军用被服厂等，市政府也很快被攻陷。整个台中由其控制，她发挥组织长才，将青年与受过训练的旧日本兵纳入统筹，并将外省人集中，以便保护其人身安全。由于拥有武器，她组成"二七部队"，建立指挥系统，并派人至嘉义联络，准备去支援攻打嘉义水上机场。

嘉义由三民主义青年团嘉义分团部主任陈复志领导，组成队伍；同时原农民运动领袖简吉、张志忠、陈篡地等人，也组成"嘉南纵队"，攻打飞机场和军械库，以进行武装。阿里山的少数民族也冲下山来，凭着他们的勇武善战，参与反抗军，帮助攻打机场，维护社会秩序。

台南、屏东情形都与此类似。高雄则以攻打高雄要塞司令部为主，双方激战，由于要塞拥有强大武力，群众死伤惨重。

"二二八事件"不是有计划有组织的行动，而是偶发性的暴动。然而，一场偶发性暴动竟能攻占各个政府机关、军事基地、机场公路等，其理安在？原因在于政府部门中有许多台籍警察、公务员等，他们平日即看不惯贪污腐败的统治，更因身为台湾人受到歧视性待遇而不满，事变一发生，即作为内应，内外夹攻。

也正因为它是偶发性暴动，无组织，无计划，各地状况混乱，北中南消息不通，武力支援不明，无法即时组织起来。因此虽然一些地方拥有枪械，却未能互为支援，充分运用。为了统合组织，三月四日，"二二八处理委员会"即通知各县市成立分会，并向工商银行强提两千万元以供该会的经费，同时借由广播，宣传各地现况，以互通消息。

为了和陈仪政府协调解决方案，三月五日处理委员会决定该会的组织大纲，并通过政治改革案，其要点包括：一、公署秘书长及民政、财政、工矿、农林、教育、警务等处处长及法制委员

"二二八事件"现场(一九四七年)

会过半数之委员应以本省人充任。二、公营事业归本省人负责经营。三、立刻实行县市长民选。四、撤销专卖局。五、撤销贸易局及宣传委员会。六、保障人民之言论出版集会自由。七、保障人民生命身体财产之安全。

从要求的要点，也可以看出当日台湾人饱受歧视待遇及压迫，渴望民主自治的心愿。但处理委员会乃是各方民意领袖的总合，本身即意见分歧，同时，陈仪政府也派人加以渗透，因此三月六日，处理委员会正式提出改革政治方案的九项要求，内容与前述雷同，但条件提得更高；并以台湾省参政会的名义致电中央政府。

是日，陈仪做了"二二八事件"后的第三次演讲，宣布尽可能采纳民意要求：一、改组行政长官公署为省政府。二、各厅处长尽量任用本省人并希望民意机关推选适当人员。三、各县市长定七月一日民选。此一宣布，等于陈仪完全同意了委员会的要求。如果双方获得结论，事件应可平息。

但陈仪的策略不在于此，而是暂时先答应要求，拖延时间，等待南京政府派出的二十一师军队的到来。同时他策动内应，故意在处委会提出各种新的要求，以至于三月七日后，又重提出四十二条要求，如此一来，等于推翻了前面已获得的协议，一切重来。然而四十二条要求太过烦琐且政治陈义太高，授陈仪以"逾越政治改革，想谋反"的把柄。

三月八日，国民党军队二十一师抵达基隆，当晚，陈仪态度丕变，强硬宣布戒严，开始全台的镇压搜捕。由北至南，国民党军队一路以机枪扫射镇压，造成民众大量伤亡，而宪警则随后进行搜捕。加以有人乘乱挟怨报复，告密陷害，利用战乱无法律审判，造成许多冤错伤亡。

更惨的是"二二八"之后的肃清,许多参与"二二八"处理委员会的知识精英、民意代表、抗日领袖、地方士绅,甚至文学作家、医生、艺术家都遭到毒手。嘉义画家陈澄波突然被抓走枪决,就是一例。

当时在邮政总局上班的许金玉记得,被扫射过后,北门附近的牌楼边上挂了许多血迹,洗也洗不掉。

总之,"二二八事件"发生不过十日,其后的镇压杀戮,却造成全台混乱,死伤惨重,成为台湾人心中永难抹灭的伤痕。

四　事件的影响

"二二八"之后,台湾人从渴望重建,充满希望的乐观,变成痛苦失望,充满恐惧悲苦。这个悲苦的调子,主导了战后的台湾反抗运动,直到二十世纪结束,还未停止。

事变后,国民政府也了解镇压过了头,民怨积压太重,为了缓和紧张关系,且为了内战的需要,很快调走二十一师,在大陆招募比较年轻的青年军来台,试图改善。但政府仍在台湾展开"清乡运动"到处搜捕。参与反抗的各地领袖,有不少人被逮捕枪决,其余参与者则遭到通缉。台中的领袖谢雪红及其干部,台北市处理委员会的一些领导者,有多人流亡至香港,再转大陆,投靠旅居大陆的台湾人。他们不甘心,乃决定组成一个长期性的组织,在海外进行反国民党的运动,于是有"台湾民主自治同盟"的成立。

然而,历经如此重大的镇压屠杀,参与者又是如此之众,就算国民政府清乡,也不可能逮捕净尽,沸腾的民怨岂能一时平息？更多的幸存者岂能恍若无事？

人们开始思考如何反抗暴政，打倒国民政府。当人们的目光转而凝视中国的现实，一场内战的风暴也正在中国展开。整个台湾反抗运动，于是走向下一个阶段。台湾民众认知到有"两个祖国"，一个是国民党的"白色祖国"，一个是共产党的"红色祖国"。台湾自日据时期即有农民组合、文化协会、台共等左翼社会运动组织，虽然有一些领导者流亡大陆，但台湾的社会基础仍在，在反抗暴政的前提下，台湾的反抗运动与大陆合流，成为国共内战的一环。像农民组合领袖简吉，就担任中共地下党的山地委员会负责人。

"二二八"的结果，是让反抗运动彻底走入地下，并与国共内战合流。

到了一九四九年年底，国民政府从大陆溃败迁台，为了保住台湾，蒋介石展开新一轮的清乡，大量逮捕所谓"匪谍"嫌疑者。在"宁可错杀一百，不可放过一人"的原则下，所有与地下党有往来的人，不管知情与否，一律牵连逮捕。举凡青年读书会、被密告思想有问题的人、嫌疑人联络过的亲戚朋友等，都被逮捕入狱，株连之广，手段之残忍，让整个社会陷入恐怖。有些青年只是阅读三十年代鲁迅、沈从文小说，被密告，即被判感化三年，期满再加三年，坐了六年的牢，连一个罪名都没有。

当时"白色恐怖"这名词还未出现，人们无以名之，更且这些被逮捕者大多与"二二八"有牵连，从民间角度看，这整个历史是延续的。民间于是以"二二八事件"为"二二八"到白色恐怖的这一段历史命名。这便是为什么"二二八事件"的受难者被形容为数万人的原因。因为和白色恐怖时期的受难者相加，确实超过三万人（依政治犯陈明忠的粗估）。

二十世纪五十年代后，戒严体制镇压了所有异议的声音，"二二八"成为一个禁忌的名词，不许民间或任何媒体加以讨论。然而这是一个暗伤，一个永远无法痊愈的伤口，它是台湾人心中永远的痛。只要召唤它，那百年来被压抑在地底的无奈与悲苦便倾泻而出，召唤出集体的伤痛，进而凝聚出力量。乃至于七十年代的党外运动，八十年代的民主运动，"二二八事件"都是反对运动的政治动力。

直到台湾的民主化逐步实现，"二二八事件"的真相逐步公开，整个社会终于可以直面这一段历史。一九九五年，李登辉代表台湾当局向所有"二二八"受难者及家属公开道歉，同时公布"二二八事件处理及补偿条例"以公开设立规定补偿受难者和家属。整个"二二八事件"的伤痛，才慢慢平息。

从"转型正义"之要求言，它须做到名誉的平反与恢复，及损害之"补偿"。名誉平反已无可置疑；唯"二二八事件处理及补偿条例"之所以使用"补偿"二字，关键是就法律言，所谓"赔偿"，受害者必须提出损失数量及相关证物，才能决定赔偿金额的多寡。但"二二八事件"年代久远，许多家庭因此受难流离，根本无法提出损害的证据或文件；为了不要让受害者及家属再度伤神，乃决定以"补偿"名之，以便于早日补偿受害者，平复伤痕。

依据"二二八"基金会的统计，向该会申请赔（补）偿的有效案件，截至第七届四次一四三董事会，已审两千七百二十八件，其中成立件数两千两百六十六件（死亡案六百八十二件，失踪案一百七十八件，羁押、徒刑等一千四百零六件），不成立四百六十二件（不符法定要件两百八十件，证据不足一百八十二件），但此"赔偿案件数不等同于实际受难数字"，原因有七项，受理赔偿的"二二八事件"纪念基金会于二〇〇五年二月所发行的《二二八会讯》创刊号里面对此有详细说明。

赔偿案件数不等同于实际受难数字,原因有七项,简略概述如下:

一、事件后政府以连坐法牵连关系人,紧接着实施"戒严"进入白色恐怖时期,有办法的受难者及家属早早避走海外。

二、受难者没有子女,五十年后父母又已死(此类有时在户籍资料里登载"失踪"或"行方不明")。

三、死于街头的人,兄弟姊妹三等亲来申请补偿,但找不到证据也无人证,难以确认该事件受难者(不列入二二八基金会受难人数统计)。

四、被制度性正式处决者,因档案被公家人员销毁或私藏,申请者找不到证据,无法确定为受难者(不列入二二八基金会受难人数统计)。

五、许多家属因私人因素不愿申请(不列入二二八基金会受难人数统计)。

六、案件的档案明确、证据充足,却没有合法的补偿权利人,或申请者不是合法的补偿权利人(不列入二二八基金会受难人数统计)。

七、因二二八事件,在"戒严"时期才被冠以"叛乱"或"匪谍"名目判刑或枪决者,家属通常会选择另一个基金会(财团法人"戒严"时期不当叛乱暨匪谍审判案件补偿基金会)申请赔偿(不列入二二八基金会受难人数统计)。

(原载于二〇一三年《历史》杂志)

从凯达格兰人、刘铭传、筑路工人、采金矿故事,到侯孝贤的电影、观光化的九份,以及现在当地新开的一些艺术咖啡馆,哪一个不是"本土"?这个本土不是切割分段的,而是延续如生命,慢慢生长延伸,自己不断再创造的文化。这就是本土。

本土因此不是一个死的定义,它是有生命的、它是一个不断再生、再创造的过程。

伍

2000～

· 海洋之心：新台湾人的故事

海洋之心：新台湾人的故事

一　本然的大地

什么叫作本土？

兰屿的海洋文化与头发舞，泰雅人的编织与"拉莫荷"（指祖先传唱的歌谣），排湾人的石板屋，卑南人的歌《美丽的稻穗》，甚至凯达格兰人的旧居地台北，现在已经有"凯达格兰大道"……这些算不算本土？

鹿港的龙山寺、天后宫，庙口的玉珍斋凤梨酥，基隆庙口的夜市和甜不辣，宜兰的麻糬和温泉蛋，淡水的铁蛋和海产，以及红毛城海边的落日；雾峰的林家花园，台大前的天主堂，台北桃源街和永康街的牛肉面；永和豆浆和台式日本料理，台中的太阳饼和春水堂的珍珠奶茶，彰化的肉圆和扇形火车站……这些算不算本土？

大陆观光客最爱看的台湾特色：台北故宫的珍藏，阿里山和高山茶，日月潭以及鹿谷乌龙茶，太鲁阁以及当地少数民族歌舞表演，中正纪念堂的老蒋历史与建筑，桃园的慈湖……这些算不算是本土？

高雄加工出口区，潭子加工区，竹科，内湖科学区以及中科、南科，算不算本土？台积电、联电、鸿海、大众、宏碁等，算不算本土？

一个开CEFIRO车的人，带着LV皮包，穿夹脚拖鞋（或耐克运动鞋），抽日本七星香烟，在华西街夜市（或者任何一个地方的夜市），吃完卤肉饭和肉羹，然后去旁边的星巴克咖啡喝一杯，这样的人，算不算本土？伍佰加台客摇滚，算不算本土？

一个被派去越南工作，却想念台湾食物，而非得自己带沙茶酱、彰化土产酱油和泡面的人，算不算本土？一个在北京出差，寂寞的时候，会唱《心事谁人知》的男人，算不算本土？一个只爱台湾乌龙茶，走到世界各地出差旅行，都得带一包台湾茶，才能安下心来的人，算不算本土？

台湾出品，却在大陆不断演出的表演工作坊，算不算本土？在日本受到的尊重与欢迎远远超过台湾本地的导演侯孝贤，算不算本土？在台湾地区争议不断，却在法国受肯定的蔡明亮，算不算本土？在世界各地演出，甚至上了美国卡内基舞台的云门，算不算本土？慈济功德会在台湾组织数百万人参加行善，善行遍及世界各地，甚至最危险的伊朗、中东、非洲，都有他们的足迹，这样算不算本土？

二 "本土"再定义

请问：什么叫本土？什么叫很"台"？什么是"台客"？

台北一〇一大厦

如果"本土"代表台湾，什么才是原来的"台湾味"？

以上所谈的，除了先住民文化与历史之外，一些社会现象与文化现象的起源，大部分都不是台湾"原生种"。

摇滚从来就不是台湾"原生"的文化，豆浆不是，牛肉面不是，咖喱饭不是，电子产业更不是。更远一点说，连乌龙茶、文山包种茶都不是。那是清朝时期闽南传来的茶种，台湾再改良的结果。而现在所谓的"台湾米"，不管是在来米、蓬莱米、糯米，都不是台湾原生种，只有小米才是。甚至所谓台菜、客家菜都不是"原生"文化，它和摇滚一样，都是岛外舶来，只是来的时间长短不同而已。

即使是"台湾"这个名词，也不是"原生"的，它是依据闽南发音如"大员"等演变而来。至于它的命名，可能起源于台湾少数民族的哪一个族群的语言，例如排湾人或泰雅人，因它的语音较接近，则已经无法可考。一如基隆这名词是起源于凯达格兰人之自称"Katagalan"，而有闽南人称他们居住地为"卡大鸡笼"，最后这地方被命名成为"基隆"，这是一种语言与文化的演变过程。

但如果连"台湾"都是由闽南的汉族来命名，请问：什么是"台湾本土"？

这就涉及一个非常吊诡的本质问题：台湾的"本土论述""本土与外来""台湾与大陆"是一种对立的代表性符号，但如果连"台湾"都是来自闽南语所命名，请问要不要连"台湾"这名词都扬弃？如果这一切"外来文化"都去除后，那什么才能代表"台湾"？

这才是"本土论述"背后的本质问题：什么是"台湾"？谁是"正港台湾人"？

三　大航海时代

事实上，要了解台湾的命运，就必须从更大的历史视野，才能看见一个大时代的轨迹。

一如许多亚洲国家的命运因大航海时代而改变一样，如果不是开始于十六世纪的第一波全球化——大航海时代的来临，台湾或许将远远处于世界的一隅，无人知晓，安静如南太平洋上的某一个不知名小岛。然而它的关键性位置，却让这个岛屿无可避免地走入世界性的大潮之中，永无回头之路。

关于全球化，理论上有三波。第一波叫作大航海时代，就是靠着航海技术的进步，发现新大陆，发现地球是圆的，从而发展出全球性贸易。第二波是所谓的工业化的时代，就是蒸汽机带动的工业革命，殖民地与殖民帝国就开始了。至于第三波，则有些争议，有人认为是到了二十世纪八十年代前后，整个信息革命，让全球范围的资本、信息、投资、市场、生态等，产生巨大变革，这是超越国界的全球革命。但也有人认为，第二次世界大战已经带出全球性的战争。不管如何，在第一波之后，其实就意味着台湾已经无法自外于整个全球化的浪潮了。

早在十七世纪荷兰人来台湾之前，就有闽南人来台湾打鱼，做交易，并在此居住。明朝的张燮记载：北部的凯达格兰人平时不穿衣服，只在客人来临时，将所有衣服，一件一件由长而短，全部穿在身上，以显示其财富。这些衣服其实正是与汉族交易而来。至于交易的商品，有鹿肉、鹿皮、金子、硫磺、渔获等。但这种小额交易太少，还未形成全体的影响。

就在凯达格兰人安静地过着他们的生活时，西班牙的麦哲伦已经悄悄航行全世界，在寻找环绕全球的航线。麦哲伦的生命终点就在菲律宾，他死在当地的土著内斗里。剩下的人分为东西二路，寻找回到西班牙的航线。最后终于有一艘船回到西班牙，证明了地球是圆的。从此开始，西班牙建立了从菲律宾通到墨西哥，再由墨西哥通往欧洲的黄金航线。而菲律宾又可以与中国的泉州、厦门、福州等地做贸易。这条航线，就是历史上所谓的"黄金贸易航线"。

这个时期，西班牙的帆船穿梭在马尼拉和新西班牙（墨西哥）之间的九千海里的航道上，带去中国的货物（瓷器、丝绸、香料）、南洋的土产和印度的棉布，带回了新西班牙铸造的银元。太平洋航线，变成西班牙帝国的生命线。当然，发现东方利益的欧洲国家不仅西班牙，西班牙与侵占澎湖的荷兰、侵踞澳门的葡萄牙，形成鼎足而三的局面。

这个年代，我们都说是所谓的"大航海时代"，其实从《鲁滨逊漂流记》的故事就知道，那些贸易商其实兼做海盗，他们一边在海上打劫，一边在海上做贸易。那个年代也是"大海盗的时代"。西班牙、葡萄牙、荷兰都一样。

十七世纪末叶，荷兰被明朝海军击败，退出澎湖；整个荷兰大军转为退踞大员（闽南语音与"台湾"相同，位于台南）。他们利用台湾岛地形，派出船队出海拦截前往马尼拉和西班牙做生意的中国商船，并且不时派兵拦截葡萄牙人和中国商船的贸易，甚至还准备去攻打西班牙的根据地——马尼拉，铩羽后转而到澳门骚扰葡萄牙，不久，才又退回台南。可是，这场战役，却是基隆命运的转捩点。西班牙终于感受到荷兰的根据地——台湾对马尼拉的威胁，于是决定派兵攻打台湾。

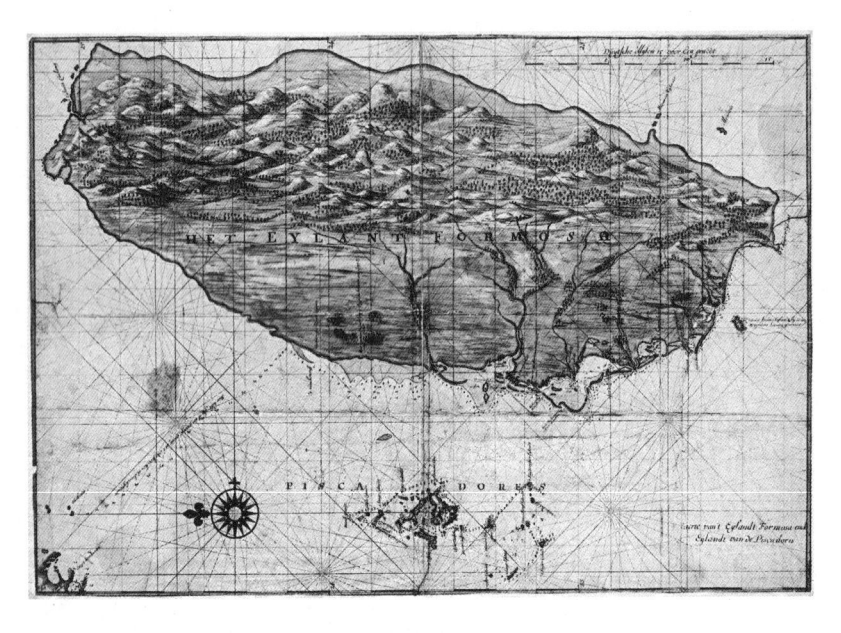

十七世纪荷兰人侵占台湾时绘制的地图

一六二六年，西班牙的远征军，由两艘大帆船率领十二艘随行帆船，带领两百多名士兵，避开台南的荷兰人，沿着东海岸北上，到达北纬二十五度，看到了一个海角，他们决定以西班牙的首都，同时也是该军舰之名来命名，称之"圣地亚哥"。谁也没有料到，台湾人称之为"三貂角"的地方，其实来自于那一艘战舰之名。只是生活于台湾的闽南人用他们的方式加以记忆（闽南语叫"三貂仔角"），所以变成今天的地名。

西班牙的野心当然不仅止于取得三貂角，几天以后，他们进入可以容纳五百艘船的基隆港。占领了社寮岛（今"和平岛"），并举行盛大的占领庆祝仪式，当然，他们也不得不防备荷兰人的战舰，决定在最险要的地方设置城堡、炮台，并且开始筑城，将城取名为"圣萨尔瓦多城"，也就是"圣救世主"的意思。

随后，西班牙的部队继续往外侵占。在一六二八年攻下淡水（当时称"沪尾"），并且建立了非常著名的淡水红毛城（当时称为"圣多明尼哥城"）。淡水的红毛城与和平岛上的圣萨尔瓦多城，是西班牙防守台湾海峡中国贸易航线上最重要的两个犄角。

正是这个转捩点，基隆和淡水，终于走上全球化的大历史之中，成为海权争霸中具决定性的、关键性的港口。凯达格兰人以及在这个岛上的闽南人一样，命运已不由自主了。

接下去的历史，是荷兰攻占北部，而后是郑成功打败荷兰，以及清廷统一台湾。

历史无法回头，但仔细思量，如果不是全球化的第一波——大航海时代，如果不是欧洲国家在亚洲建立贸易、侵略兼海盗的据点，凯达格兰人可能还在和闽南人交易鹿皮，台湾的鹿皮也不会以每年十万张的速度，被外销到欧洲去，造成台湾生态的大浩劫。果如此，现在的台湾会不会像太平洋上的某些岛屿，保留在原始状态，是一个看海潜水的生态天堂？

遭遇浩劫的不只是生态，更重要的是人。从此开始，台湾注定无法在世界版图之外，僻处一隅，而是要在"全球化"的大潮流之下，变成列强侵略的战场。

四 第二波全球化

第二波全球化浪潮起来的时候，台湾面临的冲击更大。那就是殖民帝国的时代。

第二波全球化，我们界定为工业革命所带来的技术、生产、交通、动力等的变革。大航海时代虽然改变了世界贸易版图，但工业革命带来的变化更为全面。而航海的技术也变了，那就是蒸汽动力，取代了帆船。要帮船找蒸汽动力，就得在世界各地建立燃煤的补充站。

天可怜见，台湾北部有品质优良的煤，就成了列强觊觎的对象。从一八四一年开始，美国就派兵开始攻打基隆，但被击退。一八四八年，英国海军中将戈尔顿来台，勘察基隆一带的煤层，发现它的品质非常优良，返回后汇报英政府。一八五〇年，英国驻北京的公使曾向清廷请准开采基隆煤矿，但遭清廷回绝。翌年，英轮船开始在淡水、基隆请求互市，并且依照商船纳税。此外，一八五五年美国水师提督彼尔理也来到台湾，并且派人调查基隆的煤源，返国后发表公告，想要谋取采矿权。此外法国也不甘寂寞，时时来侵犯。

清朝为了阻止列强，决定派刘铭传来台湾督导军务。就这样，开始了基隆与台湾北部的建设。

建设与冲突不断发生，中法战役就是一例。然而大历史难以让我们充分了解人民生活的变化，反而从九份与金瓜石的地方史记载，我们更能体会一个普通人与全球化大历史的交会，是多么具有戏剧性。

早在清朝初年，就有人知道金瓜石附近产有金矿，根据清朝来台湾的首任诸罗知县季麒光于一六八四年所著的《台湾杂志》上记载："金山，在鸡笼三朝溪后山，土产金，有大如拳者，有长如尺者，番人拾金在手，则雷鸣于上，弃之即止。小者亦间有取出，山下水中砂金碎如屑……"其中，鸡笼指的就是现在的基隆，而三朝溪指的是现在的三貂岭附近，也就是在九份南方的武丹山一带。不过，到了清朝乾隆初期，由于清政府严禁采矿，使得台湾的采金业者全部销声匿迹。

金瓜石、九份的金矿之所以被发现，要拜刘铭传开铁路所赐。由于基隆是台湾出海的重要港口，而台北到基隆之间又盛产煤矿，他修筑这条铁路，除了连接台北与基隆间的交通外，更重要的是可以将产出的煤运到基隆，供军舰和商船使用。

由于修筑铁路的中国工人，几乎没有相关的经验，这时，美国已完成了太平洋铁路的修筑，使得原本在美国做工的广东籍华工没有了去处，因此，他们渡海赴台，加入台湾修筑铁路的行列，这些工人见识过美国早期的淘金热潮，对于如何淘洗砂金有那么一点经验（而闽南、广东移民都是农民，根本没这种经验）。依据《台湾矿业史》的记载，有一天，在修筑八堵铁桥时，一位广东籍

今日金瓜石。当地已建起黄金博物馆

工人看到明亮亮的河床底下仿佛有黄金的颜色，他非常好奇，在午餐过后，基于好玩，拿着他的饭碗到桥底淘洗河砂，无意间竟洗出细小的砂金，他高兴地告诉了人，于是百年来无人闻问的砂金，自此爆炸般轰传开来。从一八九一年开始，闻风而来的怀着淘金梦者，聚集了三四千人，沿着基隆河边淘洗砂金。

当然，下游会出现砂金，代表着上游一定隐藏着金矿，于是，开始有人往上游寻找。直到一八九四年，发现九份附近的金矿矿脉。原来，下游出现的砂金是由于山上的砂岩矿脉受到水的冲刷而流到河床底下！

可是，两年之后，中日甲午战争清廷失利，台湾在《马关条约》中被迫割让给日本，于是，台湾砂金的开采与生产就拱手让给了日本人。而日本人的开采更有规模，更有计划。

但不管如何，改变金瓜石地方历史，真正发现找到金矿的人，竟是曾到美国筑路的中国工人！

这意味着什么？意味着整个发现的背后，涉及更遥远的地域，更辽阔的大历史，以及更复杂的世界局势。台湾在十九世纪、二十世纪初，就已经是各国觊觎的对象，而全球化的影响也不是一个空洞的名词，而是深入到民间的生活里去了。今天，我们视为怀旧的、古老台湾的象征：九份，故事竟是由到美国筑路的广东工人开始，这又是多么鲜明的象征。

我们一直以为，全球化是一个很庞大、很现代的概念，例如全球化的星巴克，跨国公司，IC产业……其实它不只是星巴克，它还联结到九份，联结到金瓜石，联结到凯达格兰人，联结到基隆港，甚至于台湾的每一个角落，每一个人的生活里。

今天重新省思这段历史，我们当能更清楚看到：全球化早已发生。全球化的问题不是我们要不要，而是列强用枪炮打进来的，凯达格兰人就这样"融化"、消失在历史中。

五　历史上的七波移民

从全球化的角度看台湾史，我们会有更宏观的历史视野。

就台湾本身言，它是先住民的居住地，然而台湾的关键性地理位置与移民者的不断加入，让台湾成为另一个面貌。

这就回到最初的问题：什么是台湾？什么是"本土"？如果"本土"所代表的是"原来的台湾"，那现在的闽南语、客家话、普通话都是外来语，不管是荷兰、西班牙、郑成功、清朝、日本、国民党、民进党，全部都是"外来政权"。如果"外来政权"应该退出，所有汉族该退出台湾，这样的台湾，还剩下什么？

什么叫"台湾人"？要在台湾住多久，才能算"台湾人"？是要从明朝算起，还是清朝算起？或者，像谢雪红，她的父亲移民来台湾当佃农，她就是外省人的后代，她能算"台湾人"吗？如果一九四九年随国民党政权大撤退来台湾的人，已经在台湾生下第四代的儿孙，都不能称为台湾人，什么叫"台湾人"？

历史无法回头，我们唯有放大视野，从全球化的大历史，移民人口大迁徙的过程，寻找当前"台湾人"形成的历史，才能找到问题的根源。

总体来看，台湾经历过"七波移民潮"。现在台湾的本土与文化的形成，是这移民大历史的一部分。

台湾最早的住民，从考古与人类学来说，是今天被称为"原住民"（台湾少数民族）的十几个族群。各族群有各自的传说与神话，语言有的相近，有的完全不通。他们迁徙来台时间不一，大体说来属于南岛语系。因此更准确的说法，应该叫"先住民"。

先住民之后，第一波移民是在明朝的张燮写《东西洋考》的时代，荷兰与西班牙人来之前。先来的汉人，用农具、铁器、衣服、珠玉等，和先住民交换鹿皮、鹿肉、砂金、硫磺等。这些汉人是明末乱世的渔民、流浪者，也是商人，但定居者数量有限。

第二波移民是殖民台湾的荷兰人和西班牙人。那是大航海的时代。他们以台湾为根据地，开展世界性的贸易（或打劫），但他们不是为建设台湾或长期统治而来，而只是把台湾当作剥削的海外殖民地，短期的航海根据地与补给站，移民人口不多，对台湾的贡献非常有限。一旦被击败，就全部退出。

第三波是明朝郑成功的时候，大量涌进来的部队，以及明朝遗民。

第四波移民是清朝几次海禁与开放政策下大量的移民。由于大陆的人口过多，土地并吞严重，这是人数最多的一次移民。台湾的闽南、客家人，大多是这时候移民进来的。它也形成土地与资源的争夺战，闽客械斗、漳泉械斗，只是这种生存战争的反映。

第五波，就是日据时代的日本人了，他们历经五十年的殖民统治，留下社会与文化，经济与政治制度的影响，但移民者则于第二次世界大战后被遣返。与荷兰、西班牙一样，这一波移民没有人口数量的问题，但有文化遗留的痕迹。

第六波移民是一九四五年后，国民政府来台接收人员，以及国民党于一九四九年大撤退所带来的两百万左右的移民。他们来自大陆各地，本有不同方言和地方文化，但对日抗战和内战有如飓风，把他们卷离家乡，辗转流浪，来到台湾。为了防务与安置，国民党政权在台湾各地设立营区与眷村，这就形成总体的文化影响与冲突。

这些带着遥远的乡愁，无法归返的旅人，被历史带着走的尤里西斯啊，只能在生活中，寻找同乡，寻找熟悉的口味，互相慰藉。于是台湾的饮食口味、生活习性、艺术创作、地方性格、语言口音、流行文化等等，都形成一种大融合的现象，并且变成一种具有包容力的生活习惯。

无可置疑，这一波移民带来最重要的影响，不仅是让台湾，重回中国文化与经济圈，五十年代的冷战体制，让台湾划入资本主义阵营，进入长时期的戒严体制。更有趣的对比毋宁是：虽然国民政府带来戒严体制，却也带来胡适、雷震、殷海光等自由主义知识分子，以及以"自由中国"为代表的思潮。要知道日据时代台湾的反抗运动大体只有两种性质，其一是民族主义（如台湾民众党），其二是社会主义（如文化协会、农民组合），自由主义的思想，最多只能说反映在"议会请愿运动"，但微弱不堪。

台湾之有自由主义思想，还真是拜一九四九年的大迁徙与"自由中国"之赐。然历史所难以逆料者，是其带来的自由主义，反抗蒋介石威权体制，成为反对运动的思想启蒙者，也就是党外的政治理论基础，培养党外运动的根苗。但也因此有了民进党的成立。这是历史最为微妙的辩证性发展。

第七波移民则始于八十年代。当台湾开放大陆探亲,开放新移民配偶来台之后,台湾注入新的移民潮。根据统计,至二〇一五年为止,台湾的新移民配偶有四十几万人,每七个孩子之中,就有一个为新移民配偶所生。而一九九〇年开放时就来台的配偶,他们所生的孩子已经大学毕业,进入社会。这样的人会愈来愈多,成为台湾社会的主力。这就是第七波的移民。

六　省籍矛盾的虚相与实相

什么叫作本土?

本土其实就是这先住民和这七波移民的总合。所有的生活所留下的痕迹与记忆,都成为台湾的一部分。

胡德夫所唱的《美丽的稻穗》是先住民的创作曲,但《美丽岛》这一首久远的歌,却是李双泽的创作,他的父亲是菲律宾华侨,自幼跟随母亲来台湾。洪荣宏的歌曲,有日本演歌的感伤;陈升的歌曲,有摇滚的放浪,也有先住民的自在;蔡依林的歌舞,有滨崎步的影子;周杰伦的歌曲,有美式的嘻哈和中国传统的糅合;伍佰的台语歌曲《台湾制造》,将台湾这种糅合所有文化特色的"混合式本土",表现得淋漓尽致……不管叫不叫"台客",这就是"本土"。

庙宇的妈祖、关公,来自中国大陆;而在政治上,喊着要"去中国化"的部分民进党人,思想根源却来自胡适、雷震、殷海光这些"中国知识分子",谁能说,"自由中国"不是台湾最真实的历史,台湾最本土的思潮?

让我们看看九份吧。这个荷兰与西班牙人一直在寻找的"神秘金山",是直到刘铭传开铁路,才由美国回来的广东工人找到。而后历经日本人五十年开采,流传下来无数的传奇与灵异故事,以及整个山脉底下如迷宫般的地道。如今这些都已老去,却因为侯孝贤的电影《悲情城市》,而再度崛起,成为知名的观光景点,代表着台湾文化。

凯达格兰人、刘铭传、筑路工人、采金矿故事,到侯孝贤的电影、观光化的九份,以及现在当地新开的一些艺术咖啡馆,哪一个不是"本土"?这个本土不是切割分段的,而是延续如生命,慢慢生长延伸,自己不断再创造的文化。这就是本土。

本土因此不是一个死的定义,它是有生命的,它是一个不断再生、再创造的过程。从全球化的角度与七波移民潮的观点看,省籍冲突与族群矛盾的根源就比较清楚了。

在"统独"政治中不断被挑动的"族群矛盾""省籍冲突",从移民群体的本质上来看,是两波移民间的权力矛盾,也就是清朝时候的移民,跟国民政府时代移民者的矛盾。所谓"第四波"和"第六波"移民之间的矛盾。而即使是第四波的清朝移民,也包括了闽客的矛盾、漳泉械斗,讲白一点,那种褊狭的"本土化"只是"福佬沙文主义",它还未摆脱对客家文化的漠视与歧视,更不必说对其他文化的尊重与平等对待。

我们当然可以说,这是由于第六波移民群体(以及从大陆撤退来台的蒋介石政权)的垄断权力(两蒋时代的威权政治)、不民主而造成旧移民群体的不满。但相对来讲,日据时代的殖民政府(第五代移民统治者)也一样剥夺了台湾人民的参政权,其殖民压迫与杀戮更严重（据统计有三四十万人），因此引起台湾人民的反抗。但为什么不批判日本呢？难道他们不知道日本殖民政府对台湾人民的杀戮更严重吗？原因很明显，日本已不掌握台湾的实际权力，所以没有权力的直接矛盾。

新旧移民间的矛盾，毕竟是无法避免的。在威权统治下，或许可以一时加以压制，但终究是一个社会不安定的根源。然而在二十世纪八十年代民主化之后，通过全民普选，已经不再有威权统治与权力由少数人垄断的问题。然而，这只是政治面的，新旧移民间的种族冲突与文化矛盾，不断发生。台湾曾有人说，"不要让外籍配偶生太多孩子，以免人口素质下降"，这就是典型的"种族歧视"。我们要非常小心，不能让种族主义的邪恶之火在台湾燃烧起来，否则会是一个巨大的灾难。

曾有过的一些政治口号，包括"省籍冲突""外来政权""去蒋化"等，其实是一部分政客自认为代表第四波移民，跳开第五波移民的历史，利用与第六波移民的旧历史矛盾，进行少数人为求私利与掌权的斗争。而这些斗争，基本上已违反了基本人权，更违背了台湾历史开放包容的精神。

然而，包括"省籍冲突""外来政权"等符号，都已经失去分析当前台湾社会的能力。当美浓的村子里有许多新移民配偶，当中部乡下有许多菲律宾女佣在传统市场买菜、讨价还价，谁还在乎六十年前日本人如何统治的历史呢？现在三四十岁以下的年轻一代，见面早已不再问你是本省、外省，而是问来自哪一个城市、地方。然而政治人物却脱离现实，还在古老的"伪问题"上纠缠，又有什么意义？

云门舞集之《薪传》

七　本土的全球化

当我们彻底拨开台湾在全球化历程中七波移民的历史,"本土"的意涵乃更加清晰,更为宽广。我们可以发现本土之中有全球性的影响,而全球的生活,也有本土的力量。

云门舞集的创始者林怀民受教于玛莎·葛兰姆,但他开始创作时的理念是"中国人跳中国人自己的舞",所以有许仙和白蛇。然而,云门最动人的经典,却是《薪传》,讲述移民的祖先唐山过台湾的故事。云门舞集从台湾出发,走向国际,却包含西方的现代舞、中国古典传说、京戏的身段与表演、太极、水墨的美学、台湾的故事、街头运动的活力……这么多元素的组合,才成就云门的舞蹈艺术。这就是最好的典范。所有的美学元素,当然是本土的,也是国际的。

其他如侯孝贤的电影,资金可能来自日本或法国,吸引的观众可能来自世界各地,但它的题材或者美感,谁能否认它是"台湾制造"?

准此以观,台湾本土美学的形成,是一种不断加入新元素,不断再创造、再生产的过程。它反映了一个移民社会的特质:包容。它是加法,也是乘法,在艺术家的创作过程中,甚至让创作更为复杂而难以辨认。但唯一可以确定的是:试图把"台湾本土"定义在某一个移民群体的形式、固定的符号,或者认同问题上,却注定要失败。因为现实的生活与文化创作本身,早已让不同时期移民的文化互相融合,你中有我,我中有你,难以区分彼此。

未来的本土文化,因此不会是孤立而封锁的。它注定要像伍佰的《台湾制造》那样:

铜板罗西亚来　意大利太鲁来

加拿大木材来　澳洲的石啊来

荷兰的红毛土　砖仔用台南土

拢乎咱掺掺做伙　嘿咻嘿咻每间拢是

台湾制造　台湾制造

随人照号　台湾制造

客话唯中原来　台语唯福建来

那鲁啊依啊湾嘟用来唱歌是嘛真精彩

国语是北京话　最近越南嘛有来

拢乎咱掺掺做伙　嘿咻嘿咻人人拢是

台湾制造　台湾制造

以前台北市政府曾举办"外劳诗歌"比赛，一个外劳朗诵说："孩子！妈妈到台湾来照顾人家的孩子，是为了你未来的幸福！所以，我必须把你留在家乡。我虽然想念你，但是我现在手中抱着别人的孩子，……"这样的心声，代表了多少台湾孩子，是让外籍的保姆所带大的，她们是抱着台湾的孩子、台湾的下一代啊！

这样的孩子，都是"台湾制造"。这就是真实的台湾。

八　本土的精神

什么是本土？

本土就是包容，就是移民文化的总和，是不断加入，不断淘汰，不断创新的过程。台湾要让本土茁壮，就要加大本土的包容力。让它具有更大的胸襟，让更多元素进来，本土的生命力会因此更丰富。

本土是要营造一块丰饶的土地，让所有人都能够在这块土地上，可以自由地、平等地、友爱地扎下他生命的根，让他的生命开展开创。本土应该是丰饶的大地，而不是封闭土地；本土是诸文化的总和，而不是单一文化的垄断。

本土是有生命的，它就是人民的生活，来自人民本身。如果所有人民的真实生活、信仰、思维方式、文化的总和，都不能称为"本土"，请问，谁是本土？脱离了人民的真实生活与感情，就没有本土。

谁代表本土？司马库斯的泰雅人，是本土；美浓的新移民配偶，是本土；大陆的台商，一样是本土。他们不会被认为是其他地方的人，从身份到认同，不必怀疑，他们都是台湾人。

我心目中的本土，因此是人民的、开放的、创造的、充满未来的。当人民用自己的智慧创造一种新的文化，例如音乐，不管它是融合了摇滚、京戏、古典音乐、嘻哈，用钢琴、小提琴或者胡琴来演奏，不管创造者是台湾人或者是外籍人士（例如伍佰，或者马修·连恩），只要来自我们的人民，来自我们的土地，它就是本土文化。

它和那种褊狭的、福佬沙文主义的、仇恨的本土是不同的。

我们将因为包容，所以开创；因为开创，所以壮大；因为壮大，所以本土才有生命力。我们要有这种大胸襟、大气魄。

因此台湾地区的教育，不是一个封闭的思维，更不是意识形态的灌输机器，不管是谁在执政，都应该平等地让不同民族的思想与元素不断加入。它是不断相加、不断相乘、不断丰富起来、更多元的新文化。

唯有回归到人民与土地,回归到真实生活,才有"本土"。不管是新移民旧移民,是陈达[1]是陈升[2],人民自己就是最真实的本土,还需要谁来为你定义?难道人民头上,还要挂一个政治的"伪神""乩童"来为你注解?

九　本土的政治操纵意涵

然而,如此清楚的观念,为什么在台湾总是可以引起诸多的纷扰,让知识分子吵架,让政客当口号,让人们互相切割,互相仇恨呢?现实政治上从来都不缺乏恶意的政客,他们手持政治切割刀,专长于在社会的缝隙里下刀进行"操纵式的切割"。前耶鲁大学史学教授盖伊(Peter Gay)就提出过,十九世纪男子普选后,整个欧洲第一波登场的政治人物,几乎全都是这种划分"敌／我""我们／他者"的切割师与挑拨离间的煽动家。这种人物借着切割社会,在内部制造廉价敌人而图取政治利益。二十世纪的希特勒在操纵这种问题上更是熟练至极,他煽起了德国人对犹太裔国民的恨,把一切的不如意都归咎于犹裔人民,最后造成整个德意志民族的大劫难与大毁灭,也为全人类带来一场大灾祸。

1　陈达(1906—1981),以弹唱闻名的台湾民谣歌手,主要使用的乐器为月琴,喜欢吟唱恒春民谣。从未受过学校教育,不识字也不识乐谱,哥哥们都是村子里的好歌手,故耳濡目染,无师自通。
2　陈升(1958—　),本名陈志升,台湾创作歌手及音乐制作人。

这种恶意的政客从来都不缺乏,有的国家有宗教的矛盾,他们就会在"信基督／反基督"的缝隙里用政治切割刀下手;欧洲有外劳这种新移民的矛盾,于是肤色问号遂被扭转成了"本国原来人(本土)／外国人"的对立,所谓"新纳粹"靠的就是这种切割技巧。

当代法国主要思想家克里丝蒂娃(Julia Kristeva)就提出过,划分"我们""他们",乃是一种恶劣、懦夫式的倒退,她把这种行径归纳成一个理念,即"来源复古崇拜"(The Cult of Origins),她把"来源"这个词用复数来表示,指的就是它千变万化,可以视情况而为,它可以是出身、肤色、宗教、地域、族裔的任何之一。她如是说道:

> 来源复古崇拜,乃是一种仇恨的反应,一种对他者的恨,恨他们在来源上不能和我分享,恨他们在个人、经济或文化上冒犯了我。于是我遂退回到"我自己"之中,我开始固守在一种古代的、原始的公分母上,那是一种和我脆弱的童年、我能亲近的亲友有关,认为这些人比"外来人"更值得信赖。尽管这些家庭式的成员也总是有各种冲突,但我宁愿选择忘记这些。

也正因此,台湾的政治切割师,动辄在可以下刀处切来切去,廉价地制造假议题而来消费人们的对立激情,他们则可借此而收割政治果实,这种恶劣行径其实一点也不难理解。无论"本土／非本土""爱台／卖台""本土／外来",都是"独／统"这个主轴的变形。而除了这样的切割之外,他们碰到不同的问题,还会有另外的切法,如"北部／南部"就是一种。

他们用切来制造对立和威吓,许多人一被扣上"卖台"的帽子，就心肝"皮皮挫"[1]，他们一句"北部人欺负南部人"，什么是非、贪腐就全部变得不再重要。政治切割刀的好处是它用种种是非模糊的问题来切，即可得到分化，收割威吓、掩饰、躲藏等种种效果。希特勒的纳粹即是最好例证，今日台湾那些人正在做的，不过是抄袭而已。

李光耀先生见到台湾这样的切来切去，就曾感慨地说，政治人物的责任乃是解决问题，而非塑造及利用问题，台湾的现象已做了坏示范，台湾恶劣政客的切割，让人想到前阵子的荒诞笑话，他们本来把大陆台商切到"卖台"这一边，但发现这将无法收割到政治利益，于是急忙改变切法，有些台商是"联共爱台"，有些则是"联共卖台"，这种火候的聪明，全台湾又能有几人？

台湾已成为政治切割刀天天都在挥舞的地方，"本土／非本土""本土／外来""爱台／卖台"切之还不够，"去中国化／中国化""去蒋化／挺蒋派"，则是新的切法。当切割已成了他们唯一的武器，而且这种切可以无休无止地一直继续下去，于是为政者的天职，如为人民服务、为人民兴利除弊、为人民的生活开创更多更好的机会之窗等，也就根本得不到他们的注意，依靠切割而加工制造出来的仇恨为政治生长素，不断撕裂人群、清算历史，有人说"文化大革命"早已以一种微型的方式在台湾上演了。

因此，"本土"与它相关的如"爱台／卖台""南部／北部"等，都是"政治操弄语言"，而不是真正的政治语言。当代英国主要思想家和诗人艾德瑞妮·瑞奇（Adrienne Rich）指出，当人们在矛盾里钻缝隙制造仇恨与对立，最后将是普天之大，人与人也将

---

[1] 闽南语，意指因害怕而浑身发抖。

无法相处，而要用大海与高墙为界，让人分开。善于切割者，"在头发这么窄小空间里都可制造风暴"，而今天的台湾就早已被淹没在这种"头发间的风暴"里！

一〇　台湾的未来

看清楚本土化问题，就知道它的虚妄。我们从台湾七波移民的历史，早已可以看出台湾已经是由各种"新旧移民"所构成的社会。然而，一如全世界的"本地文化"都面临全球化的挑战一样，台湾亦复如此。

省思自十七世纪以降的台湾历史变迁，我们不能不思考的是：全球化是巨大的冲击，某些本土的产业与生活形态会消失，资本会外移，生态环境会破坏，甚至古老的文化与民族的存亡，都受到影响。一如当年的凯达格兰人与文化，历经百年来的诸多移民交融通婚，最后已经消失，现在台湾的整个环境与文化也在急剧变迁。

我们要体认到：国际资本无法阻挡，新移民配偶必然增加，外籍移工会不断引入，本土资本可能外移，或者与国际资本合并，传统产业被迫转型，台湾的所有劳动者、白领阶层都将面对一个不可知的未来。这不是台湾一地为然，而是全世界性的难题。现在台湾的问题之所以无法解决，是把全球化的难题，全部归因于大陆的经济吸引力，而将全球化矛盾，窄化为两岸问题。但这无助于解决问题，反而只是模糊焦点而已。

现在全球化的浪潮正回归到东方，尤其是祖国大陆经济的崛起，成为全球化的"新动力"，台湾具有华文优势，本土的通俗音乐文化早已成为华人市场指标，以祖国大陆为市场，从而走向国际，将是未来必然的趋势。就执政者的职责来说，如何从资金与政策各方面全力协助台湾文化界人士行销台湾，这是必须共同努力的课题。

而台湾也要成为一个国际性的文化之岛。放眼全世界，巴黎从路易十四开始就接纳大批来自意大利／全欧洲的新移民，而成为欧洲的文化之都，造就法国文化的多彩。更遑论新世界里的纽约了！

这就是我对台湾未来的想象：一个亚洲与国际文化交汇发光的所在，一个拥有海洋般胸襟的岛屿。新台湾人，应该拥抱一个包容、开创、充满生命力的新台湾，用这样的想象，一起书写未来的故事。

（原作为序言载于二〇〇七年《原乡精神》[马英九著]。现经修正后刊载于此）